本書は、所得税法能力検定試験（公益社団法人全国経理教育協会主催）1級受験のためのテキストです。弊社刊「基本税法」の所得税法編に、1級試験に必要な内容を加筆し、また出題頻度の高い個別計算論点を例題として新たに掲載いたしましたので、検定対策として十分お役立ていただけます。

　本書を手に取られる方は2級の取得者で、将来、税理士を目指している方ではないでしょうか。すでに税法の概要は理解されているはずですが、1級では各論点とも「知識の奥行き」が求められます。

　1級は税理士試験への通過点と位置づけられています。そのため、易しい試験ではありません。本書がみなさまの夢や目標に少しでも近づくための一助となれば幸いです。

第 1 章 所得税のあらまし

　この章では所得税の基本的項目，所得税額の算出方法のあらまし，そして青色申告制度について説明する。

1 所得の意義と計算期間

(1)　所得の意義……所得とは原則として収入金額から必要経費を差引いたものをいうが，所得の種類によっては必要経費の概念がないもの，必要経費の代わりとなるものを用いる所得もある。

(2)　課税所得の計算期間……所得税における課税所得の計算期間は，その年の1月1日から12月31日までの一年間（一暦年という。）である。

　なお，年の中途において死亡又は出国した場合は，その年の1月1日から死亡又は出国の日までとされる。

> **(参考)**　出国とは，居住者については，納税管理人の届出をしないで国内に住所及び居所を有しないこととなることをいい，非居住者については，納税管理人の届出をしないで国内に居所を有しないこととなることをいう。

2 納税義務者

　所得税は個人に対して課する税金であるが，課税技術上の観点から，法人が利子などを受けるときは，その法人の受ける利子などにも所得税を課している。すなわち法人も一定の場合には所得税の納税義務者となる。

　また，利子等，配当等，給与等の支払をするものはこれらの支払の際に所定の所得税を源泉徴収し，これを税務署長に納めなければならない。この場合，源泉徴収するものを源泉徴収義務者というが，広義の納税義務者に含まれる。

　所得税の納税義務者をまとめると次のようになる。

```
① 個　人
    居 住 者*¹ ┌ 非永住者以外の居住者
             └ 非永住者*²
    非居住者*³
② 法　人
    ┌ 内国法人*⁴
    └ 外国法人*⁵
③ 源泉徴収義務者
```

　このように納税義務者を居住者，非居住者等に区分するのは課税所得の範囲の広狭，課税方法の違いのためである。

> 《個人である納税義務者の課税所得の範囲》
> ①　非永住者以外の居住者……その個人のすべての所得
> ②　非永住者……国内源泉所得その他の所得で国内において支払われ，又は国外から送金されたもの
> ③　非居住者……国内源泉所得

> **(参考)**　国内とはこの法律の施行地をいい，国外とはこの法律の施行地以外の地域をいう。

　なお，外国の大使，公使，大公使館員などや公共法人など（地方公共団体，政府出資機関などをいう。）には所得税の納税義務はないことになっている。

---

* ＊1　居 住 者……国内に住所を有し，又は現在まで引き続いて 1 年以上居所を有する個人をいう。（なお，住所とは生活の本拠とされる場所をいう）
* ＊2　非永住者……居住者のうち，日本の国籍を有しておらず，かつ，過去 10 年以内において国内に住所又は居所を有していた期間の合計が 5 年以下である個人をいう。
* ＊3　非居住者……居住者以外の個人をいう。
* ＊4　内国法人……国内に本店又は主たる事務所を有する法人をいう。
* ＊5　外国法人……内国法人以外の法人をいう。

> **(参考)**　社交団体，ＰＴＡ，労働組合などを人格のない社団等（法人でない社団又は財団で代表者又は管理人の定めがあるものをいう）というが，これは法人に含まれる。

３ 納税地

(1)　納税地とは

　納税地は，納税義務者が申告，納税の義務を履行し，また，各種の申請，税務上の権利を行使する場所のことをいうが，通常これらの権利行使，義務履行はその地域を所轄する税務署長に対して行うことになっている。

```
《居住者の納税地》
 ①　原則……住所地
 ②　例外　a）住所の他に居所がある人………………届出により居所地
           b）住所がなく，居所がある人……………居所地
           c）住所や居所の他に事業場等がある人…届出により事業場等の所在地
```

```
《源泉徴収所得税の納税地》
 ①　源泉徴収の対象となる所得の支払をする者がその支払について源泉徴収すべ
   き所得税……その者の事務所，事業所等でその支払事務を取扱うもののその支
   払の日における所在地。
 ②　公社債の利子，利益の配当などの支払をする者がその支払について源泉徴収
   すべき所得税……その支払をする者の本店又は主たる事務所の所在地
```

(2)　納税地に異動があった場合

　納税義務者は，納税地に異動があった場合には，政令で定められるところにより，そのイの納税地の所轄税務署長にその旨を届け出なければならない。

> **(注)**　死亡した者の納税地
> 　納税者が死亡した場合の所得税の納税地は，相続人の所得税納税地ではなく，死亡した者の死亡当時の納税地とされる。

４ 所得の帰属

　所得税は形式的な名義のいかんにかかわらず，実質的な所得の帰属者に課税することとされている。これを実質所得者課税の原則という。

5 信託財産に係る資産及び負債，その信託財産に係る収益及び費用の帰属

　信託の受益者（受益者としての権利を現に有するものに限る。）は，その信託の信託財産に属する資産及び負債を有するものとみなし，かつ，その信託財産に帰せられる収益及び費用は，その受益者の収益及び費用とみなして，所得税法などの規定を適用する。ただし，集団投資信託，退職年金等信託又は法人課税信託の信託財産に属する資産及び負債並びにその信託財産に帰せられる収益及び費用については，この限りでない。

6 申告納税制度と源泉徴収

(1) 申告納税制度と予定納税制度

　所得税の課税標準は1月1日から12月31日までの個人所得であるが，この課税標準と税額を自主的に申告し納税することを申告納税制度という。

　この申告納税はその年の翌年2月16日から3月15日までに納税地の所轄税務署長に確定申告をし，納税することになっている。

　なお，所得税の納付は，納税者の税負担の緩和，国の税収入の平準化から，「予定納税制度」を採用している。これは事業等を営む納税者の前年分の所得税額を基準（「予定納税基準額」といい，この金額が15万円以上の場合に予定納税の義務が生じる。）として3分割して納付する制度である。予定納税する時期は次表のとおりであるが，農業を営む人で一定の人（特別農業所得者）は第2期に，原則として前年分の所得税額の2分の1を予定納税することとされている。

```
《納税の時期》
　第1期………………その年7月1日から7月31日まで
　第2期………………その年11月1日から11月30日まで
　第3期………………翌年の2月16日から3月15日まで
```

　たとえば，ある年の前年分の所得税額が90万円とすると，第1期と第2期でそれぞれ30万円ずつ予定納税し，第3期でその年の所得税額が確定するので，そこで予定納税額は精算されることになる。

(2) 源泉徴収制度

　利子等，配当等，給与等その他特定の支払をするものは，その支払の際所定の所得税等を徴収して，翌月10日（一定の場合には，7月10日及び翌年1月20日）までに国へ納付することになっているが，これを源泉徴収制度という。

　この場合，所得税の源泉徴収されるべき収入の支払を受ける者は，予定納付と同じように確定申告により精算することになる。

7 所得の種類

　個人が受ける所得は，自己の勤労により生じるもの，資産の保有，運用又は譲渡により生じるものその他その発生原因，性格はさまざまである。このため所得税法では所得をその発生形態などにより次の10種類にわけ，それぞれ税金の負担能力を考慮して所得金額又は所得税額の計算方法を決めている。

《10種類の所得と所得の金額》

① 利 子 所 得……利子所得の金額＝収入金額

② 配 当 所 得……配当所得の金額＝収入金額－$\binom{\text{元本を取得するために}}{\text{要した負債利子}}$

③ 不動産所得……不動産所得の金額＝総収入金額－必要経費

④ 事 業 所 得……事業所得の金額＝総収入金額－必要経費

⑤ 給 与 所 得……給与所得の金額＝収入金額－給与所得控除額[※1]

⑥ 退 職 所 得……退職所得の金額＝（収入金額－退職所得控除額）×$\frac{1}{2}$

⑦ 山 林 所 得……山林所得の金額＝総収入金額－必要経費－特別控除額

⑧ 譲 渡 所 得……譲渡所得の金額＝総収入金額－取得費・譲渡経費－特別控除額

⑨ 一 時 所 得……一時所得の金額＝総収入金額－支出した金額－特別控除額

⑩ 雑 　 所 　 得……雑所得の金額＝（公的年金等の収入金額－公的年金等控除額）＋
　　　　　　　　　　（公的年金等以外に係る総収入金額－必要経費）

*1 「給与所得者の特定支出の控除の特例」がある。

8 所得税計算のしくみ

　各種所得の金額が算出されると，これらの所得の金額を合計し，その合計額から基礎控除等の所得控除額の合計を差引き，その残額に対し超過累進税率を適用して所得税額が計算される。この方式を総合課税（総合課税方式）という。

　所得税は総合課税を原則としているが，老後の生活費としての意味を持つ退職所得，長年の管理，育成の結果である山林所得その他，土地や建物，株式などを売却した場合などについては，他の所得と総合しないで，それぞれ所得税額を計算することとされている。この方式を申告分離（分離課税方式）*2という。

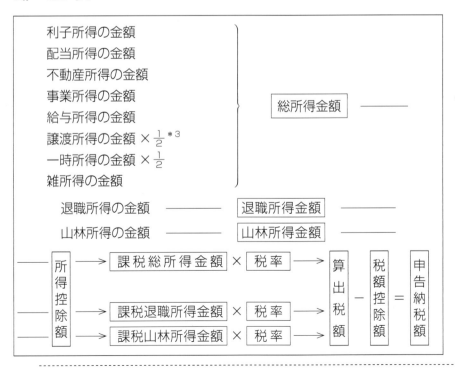

*2　このほか，上場株式等に係る配当所得の金額，土地等に係る事業所得等の金額，短期譲渡所得の金額，長期譲渡所得の金額，株式等に係る譲渡所得等の金額，先物取引に係る雑所得等の金額という課税標準がある。

＊3　譲渡所得の金額のうち，保有期間が譲渡した年の1月1日で5年を超えるもの（長期譲渡所得）については2分の1を乗じる。

9 非課税所得と免税所得

(1)　非課税所得は，本来所得の一部を構成するが，担税力の考慮・徴税技術上の困難，国民感情の考慮その他公益上又は政策上の理由から，課税所得の対象から除外するものと，実費弁償的性質を持っているから課税所得の対象から除外するものがある。

　　なお，非課税所得は，原則として申告又は申請等の手続きが不要である。

《主な非課税所得》

① 年利1％以下の当座預金の利子……投資要素がなく利率も低い
② 傷病者の恩給，遺族の受ける恩給，年金等……社会保障，担税力及び国民感情の考慮
③ 給与所得者の出張旅費等……実費弁償的性質
④ 給与所得者の通勤手当（月150,000円まで）……実費弁償的性質
⑤ 外国政府，国際機関等に勤務する職員の給与……対外政策上
⑥ 生活用動産＊4の譲渡による所得 ……徴税技術上の困難
⑦ 資力喪失による資産（たな卸資産等を除く）の譲渡による所得……担税力の考慮
⑧ オープン型証券投資信託の特別分配金……元本の払戻し
⑨ 文化功労者年金・学術研究奨励金等……学術，文化の奨励
⑩ 学資金及び法定扶養料……課税適状でない
⑪ 相続・遺贈又は個人からの贈与により取得するもの……相続税などの二重課税防止
⑫ 損害保険契約に基づく保険金及び損害賠償金……国民感情の考慮
⑬ 法人からの贈与による選挙運動資金……選挙中に消費される
⑭ 障害者等に対する少額預金（元本350万円以下）の利子所得等＊5……担税力の考慮
⑮ 障害者等に対する少額公債（元本350万円以下）の利子＊6……担税力の考慮
⑯ 障害基礎年金，障害厚生年金
⑰ 勤労者財産形成住宅貯蓄など（原則として元本550万円以下）の利子所得等……貯蓄奨励
⑱ 納税準備預金の利子＊7……納税政策上
⑲ 健康保険などの保険給付……社会保障
⑳ 生活保護のための給付，児童福祉のための支給金品など……社会保障，担税力の考慮
㉑ 雇用保険の失業給付など……社会保障，担税力の考慮
㉒ 当せん金付証票（宝くじなど）の当せん金品……公益的理由
㉓ 国又は地方公共団体などに対して財産を寄付した場合の譲渡所得等……公益上の理由
㉔ 国等に対して重要文化財等を譲渡した場合の譲渡所得……公益上の理由
㉕ 非課税口座内（NISA）で運用される株式や投資信託に係る売却益や配当収入など…貯蓄奨励
など

> **(注)** 障害者等の範囲は，遺族基礎年金の受給者である被保険者の妻，寡婦年金の受給者，身体障害者手帳の交付を受けている者等。

(2)　免税所得は，本来一般の所得と同様に課税されるべきものであるが，産業政策その他の見地から特にその所得税を免除される所得をいう。

　　なお，免税所得はその所得に係る各種所得の金額に算入される。

　　（例）肉用牛の売却による農業所得の課税の特例

＊4　生活用動産とは　①生活の用に供する家具，じゅう器，衣服などの生活に通常必要な動産　②1個又は1組の価額

が30万円以下の貴石（宝石），貴金属，真珠，書画，こっとう，美術工芸品など。
* 5　「非課税貯蓄申込書」の提出等が必要である。
* 6　公債とは国債と地方債のことであり，⑮と別枠で元本350万円までの利子が非課税となる。なお，「特別非課税貯蓄申込書」の提出等が必要である。
* 7　納税の目的以外に引出されたときは，その利子は非課税の扱いはされない。

10 青色申告制度

　所得税は申告納税方式を採っているが，その申告納税制度を助長，促進させるものとして青色申告制度がある。この青色申告制度の適用を受ける納税者は確定申告などを行うとき，青色の申告書を用いるところから青色申告といわれ，青色申告書を提出する納税者を青色申告者という。

(1)　青色申告の承認

　青色申告のできる納税者は，事業所得，不動産所得又は山林所得を生ずべき業務を営んでいる人に限られ，青色申告の承認を受けようとする年の3月15日まで（その年の1月16日以後に業務を開始した場合は，その業務を開始した日から2か月以内）に，青色申告承認申請書を所轄税務署長に提出して，税務署長の承認を受けなければならない。

　なお，承認を受けようとする年の12月31日（その年の11月1日以後に新規開業の場合には，その年の翌年2月15日）までに，税務署長から「承認」又は「却下」の通知がないときは，この申請が「承認」されたものとみなされる。（自動承認）

(2)　青色申告者の義務

　青色申告者は所得金額が正確に計算できるように，資産，負債，資本に影響を及ぼす一切の取引を正規の簿記の原則に従い記録し，帳簿を備え，保存しなければならない。

(3)　青色申告者の特典

　青色申告者の所得金額の計算などの特典として次のようなものがある。

①　青色事業専従者給与の必要経費算入*8
②　小規模事業者の現金主義の特例
③　純損失の繰戻還付又は繰越控除
④　青色申告特別控除

イ．55万円*9（最大65万円）	不動産所得又は事業所得を生ずべき事業を営む場合で，その事業に係る取引を正規の簿記の原則に従って記録しているとき。
ロ．10万円	a．山林所得を生ずべき業務を営むとき。 b．不動産所得又は事業所得を生ずべき業務を営む場合で，上記イ．に該当しないとき。

⑤　減価償却資産の耐用年数の短縮と増加償却
⑥　棚卸資産の評価の際の低価法の採用
⑦　引当金，準備金の必要経費算入

(4)　青色申告の取消しと取りやめ

　青色申告書の提出の承認を受けても，帳簿書類の備付け等の不備，その他真実性を疑うに足りる相当の理由などがある場合には取消される。

　また，青色申告書の提出をやめようとする場合は，その年の翌年3月15日までに所定の届出書を税務署長に提出しなければならない。

* 8　事業を営む納税者と生計を一にする親族がその事業に従事したことにより対価の支払を受けても，その対価の金額

は原則としてその事業の必要経費にはならない。

また，青色事業専従者が受ける給与の金額は，その親族の給与所得の収入金額とされる。

なお，青色事業専従者とされ，その給与の支払を受けた生計を一にする親族は，事業を営む納税者の控除対象配偶者又は扶養親族にはなれない。

＊9 正規の簿記の原則により記帳している場合で，帳簿書類等について電子帳簿保存を行っている場合，又は電子申告により申告書を提出する場合には，最大65万円の青色申告特別控除が受けられる。

第2章 所得の内容と所得計算方法

この章では，各種所得の内容と各種所得の金額の計算について説明する。

1 利子所得

[1] 意　義

利子所得とは，公社債及び預貯金の利子並びに合同運用信託，公社債投資信託及び公募公社債等運用投資信託の収益の分配又は金銭信託の収益の分配などに係る所得をいう。

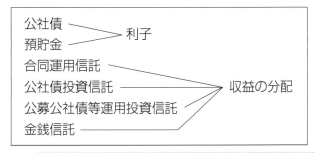

> **(参考)** 合同運用信託とは，信託会社が引き受けた金銭信託で，共同しない多数の委託者の信託財産を合同して運用するものをいう。
> 公募公社債等運用投資信託とは，その設定に係る受益権の募集が公募により行われた公社債等運用投資信託をいう。

[2] 所得金額の計算

> 利子所得の金額＝収入金額

収入金額は，その年中に支払いを受けるべき金額（所得税等の源泉徴収税額を控除する前の金額）である。

> 《帰属年度》
> 　記名式のもの…………支払いを受けるべき日の属する年
> 　無記名式のもの………実際に支払いを受けた日の属する年

[3] 課税方法

(1) 源泉分離課税

国内で利子等の支払いを受ける際には，その金額の15%の所得税と5%の住民税が源泉徴収され，他の所得と分離して課税される。なお平成25年から令和19年（2037年）までの間に支払われる利子等については，復興特別所得税が併せて源泉徴収され，所得税15.315%，住民税5%，合計20.315%が源泉徴収される。

> **(注1)** 同族会社が発行した社債の利子で，その同族会社の株式等が支払を受けるものは総合課税の対象となる。
> **(注2)** 会社又は知人などに対する貸付金に係る利子は雑所得となる。
> **(注3)** 個人事業主の取引先や従業員に対する貸付金の利子は事業所得となる。
> **(注4)** 従業員が受ける社内預金の利子＝利子所得
> **(注5)** 学校債の利子，組合債の利子，友人への貸付金の利子，割引債の償還差益，相互掛金の給付補てん金など＝雑所得

(2) 公社債等の利子等

① 特定公社債等の利子等は，申告不要とすることができるが，上場株式等・特定公社債等の売却損や償還損を損益通算する場合には，申告分離課税となる。

② 一般公社債等の利子等は，源泉分離課税とされる。

> **(注1)** 特定公社債等とは、特定公社債（国債、地方債、外国国債、公募公社債、上場公社債等）、公募公社債投資信託の受益権、証券投資信託以外の公募投資信託の受益証券、（公募）特定目的信託の社債的受益権などをいう。
> **(注2)** 一般公社債等とは、特定公社債以外の公社債、私募公社債投資信託の受益権、証券投資信託以外の私募投資信託の受益権他、（私募）特定目的信託の社債的受益権などをいう。

[4] 非 課 税

貯蓄の奨励などのため次のような預貯金などに係る利子などは非課税となる。なお，この場合，所得税の源泉徴収はされず，その所得を申告する必要はない。

- a 当座預金の利子（年1％を超えないもの）
- b 障害者等に対する少額預金等の利子等（「非課税貯蓄申告書」を提出等した貯蓄で元本350万円を超えないもの）
- c 障害者等に対する少額公債の利子（「特別非課税貯蓄申告書」を提出等した国債又は地方債で元本350万円を超えないもの）
- d 勤労者財産形成住宅貯蓄又は年金貯蓄の利子（原則として元本550万円を超えないもの，年齢55歳未満の勤労者が対象）
- e 納税準備預金等の利子（納税のために引出した元本に係る利子に限る。）

> **(注)** 障害者等の範囲は，遺族基礎年金の受給者である被保険者の妻，寡婦年金の受給者，身体障害者手帳を交付を受けている者等である。

2 配当所得

[1] 意 義

配当所得とは，法人から受ける剰余金の配当，利益の配当，剰余金の分配（出資に係るものに限る），基金利息並びに公社債投資信託や公募公社債等運用投資信託以外の証券投資信託及び特定受益証券発行信託の収益の分配に係る所得をいう。

> **(注1)** 剰余金の配当は，株式又は出資に係るものに限られ，資本剰余金の額の減少に伴うもの等は除かれる。
> **(注2)** 基金利息とは，相互保険会社から支払われる基金の利息をいう。
> **(注3)** 公社債投資信託や公募公社債等運用投資信託はその運用対象が公社債であり利子所得になるが，これら以外の投資信託はその運用対象に株式が含まれるので配当所得とされる。なお，その投資信託にはオープン型とユニット型（単位型）がある。
> ※オープン型証券投資信託とは，証券投資信託のうち，元本の追加信託をすることができるものをいう。
> **(注4)** 法人の自己株式の取得などにより発生するみなし配当も配当所得とされる。
> **(注5)** 特定受益証券発行信託とは、法人税法に規定する特定受益証券発行信託をいう。

[2] 所得金額の計算

> 配当所得の金額＝収入金額－元本を取得するための負債の利子

配当所得の金額は配当等の収入金額（所得税等の源泉徴収税額を控除する前の金額）であるが，株式などの元本を取得するための負債があるときはその負債の利子の額のうち元本の保有期間に対応する金額を，収入金額から控除する。

収入金額はその年中に支払いを受けるべき金額をいう。

> 《帰属年度》
> 記名式のもの…………支払いを受けるべき日の属する年
> 無記名式のもの………実際に支払いを受けた日の属する年

[3] 課税方法

(1) 上場株式等の配当等（個人の大口株主が受けるものを除く）

　上場株式等の配当等に係る配当所得については，確定申告の際に，他の所得と合算して所得税を計算する「総合課税」の方法又は他の所得と区分して所得税を計算する「申告分離課税」の方法のいずれかを選択することができる。

　総合課税を選択した場合には，超過累進税率により所得税が課税され，また申告分離課税を選択した場合には，15%の税率により所得税（住民税は5%）が課税される。

　上場株式等の配当等については，その支払を受ける際に，15%の税率により所得税（住民税は5%）が源泉徴収されており，確定申告によって精算される。

　なお，上場株式等の配当等については，申告しないことを選択することもできる。

> **（注1）** 個人の大口株主とは，配当等の支払基準日において，配当等を支払う法人の発行済株式数又は出資金額の3%以上に相当する数又は金額の株式又は出資を有するものをいう。
> **（注2）** 超過累進税率とは，所得税の課税対象となる所得金額と税額の割合が累進的に高くなるように定められた税率をいい，所得金額をいくつかに区分し，その区分ごとに順次高くなる税率を適用するものである。

(2)　(1)以外の配当等
　① 　総合課税
　　(1)以外の配当等に係る配当所得については，確定申告の際に，原則として総合課税により所得税を計算し，超過累進税率により課税される。

　　また配当等の支払を受ける際には，20%の税率による所得税（住民税無し）が源泉徴収されており，確定申告により精算される。

　② 　申告不要制度
　　非上場株式等に係る配当等及び大口株主等が受ける上場株式等に係る配当等で，少額配当に該当するものについては，支払を受ける際の源泉徴収のみで所得税の課税を完結し，確定申告しないこともできる。

　　なお少額配当とは，株式等については，1銘柄につき1回に支払を受けるべき配当等の金額が，次の算式により計算した金額以下のものをいう。
　　少額配当＝10万円×配当計算期間の月数÷12

(3)　国外発行の株式に係る配当等
　基本的な課税の取扱いは，国内株式に係る配当等と同じ取り扱いとなる。上場株式等の配当については20.315%が源泉徴収され，「申告不要」「申告分離課税」「総合課税」のいずれかを選択することとなる。一方，上場株式等以外の配当を受け取った個人は，20.42%の税率で源泉徴収され，原則として総合課税として確定申告する必要がある。少額配当に該当する場合，所得税については申告不要を選択することもできる。また，当該配当等について，外国税が課されている場合には，外国税額控除等の対象となる場合がある。

(4)　復興特別所得税
　平成25年から令和19年(2037年)までの間に支払われる配当等については，源泉徴収の際に復興特別所得税（所得税額×2.1%）が加算される。
　① 　上場株式等の配当等（個人の大口株主等に係るものを除く）
　　所得税15.315%，住民税5%（合計20.315%）
　② 　上場株式等の配当等以外（個人の大口株主等に係るものを含む）
　　所得税20.42%（住民税無し）

[4] 非課税
　証券投資信託の収益の分配金のうち特別分配金は非課税であり，また，所定の手続により非課税となる収益の分配金がある。

[5] 配当控除（配当所得につき総合課税を選択した場合）
　配当所得があるときは，算出された所得税額から，その年分の所得税額を限度として，配当所得の

金額の10%又は５％相当額を控除することができる（詳細は P45 参照）。

> **（参考）** 株主等とは，株主又は合名会社，合資会社若しくは合同会社の社員その他法人の出資者をいう。

---

3 不動産所得

[1] 意　義

　不動産所得とは，不動産，不動産の上に存する権利（地上権，永小作権，地役権，借地権など），船舶又は航空機（「不動産等」という。）の貸付け（地上権又は永小作権の設定その他他人に不動産等を使用させることを含む。）による所得（事業所得又は譲渡所得に該当するものを除く。）をいう。

> **（注）** ① 不動産とは土地や建物など土地に定着するものをいう。
> ② ネオンサイン，広告看板を不動産等に取付けさせる場合に受取る使用料は不動産所得となる。
> ③ 下宿でも賄付下宿のようなものは事業所得又は雑所得となる。
> ④ 駐車場でも単に土地を貸しているような場合は不動産所得であるが，保管対価としての所得は事業所得又は雑所得となる。
> ⑤ 事業主がその従業員に寄宿舎などを提供している場合の賃料は事業所得となる。
> ⑥ 建物又は構築物の所有を目的とする借地権設定の対価である権利金等については，その権利金等が更地としての時価の２分の１を超えれば譲渡所得（分離課税）となる。
> ⑦ 不動産賃貸業を営むものが，賃貸アパートに太陽光発電設備を設置し，余剰電力を売却したことによる所得は不動産所得となる。

[2] 所得金額の計算

> 不動産所得の金額 ＝ 総収入金額 － 必要経費

　不動産所得の金額は総収入金額から必要経費を控除した金額であるが，青色申告者は，さらに青色申告特別控除10万円又は55万円（一定の場合には 65 万円）を差引いた金額が不動産所得の金額とされる。

> **（注）** ① 青色申告特別控除については7ページ参照。
> ② 不動産所得の場合で，青色申告特別控除55万円を適用できるのは，事業的規模である，又は事業所得がある場合に限られる。
> **（参考）** 事業的規模の判定
> 不動産の貸付けが事業として行われているかどうかについては，原則として社会通念上事業と称するに至る程度の規模で行われているかどうかによって，実質的に判断する。ただし，建物の貸付けについては，次のいずれかの基準に当てはまれば，原則として事業として行われているものとして取り扱われる。
> ① 貸間，アパート等については，貸与することのできる独立した室数がおおむね 10 室以上であること。
> ② 独立家屋の貸付けについては，おおむね５棟以上であること。

(1)　総収入金額

　　総収入金額に算入すべき金額は，原則としてその年において収入すべき金額をいう。この収入すべき金額とはその年において受取るべき権利が確定しているものを指し，年末現在未収である家賃とか地代についても総収入金額に算入すべき金額となる。

（注）　① 地代とか家賃は，原則として，契約によってその支払期日が定められているときは，その支払期日の属する年分の収入とされる。
② 権利金（譲渡所得とされるものを除く。），更新料，名義書換料などは，貸付物件の引渡しを要するものは引渡日，引渡しを要しないものは契約効力発生日の属する年分の収入とされる。
③ 敷金，保証金などのように借主に返還されるべきものは収入とされないが，その一部又は全部につき借主に返還しないこととなったときは，そのときの収入とされる。
④ 賃貸借契約の存否の係争等（未払賃貸料の請求に関する係争を除く。）に係る判決，和解等により不動産の所有者等が受け取ることになった係争期間中の賃貸料相当額については，その判決，和解等のあった日
＊賃貸料の額に関する係争がある場合に，賃貸料の弁済のために供託された金額については，支払日として定めた日又は実際に支払いを受けた日

（2）必要経費

必要経費に算入すべき金額は，原則として，総収入金額を得るために直接要した費用の額，その年における販売費，一般管理費などであるが，償却費以外の費用でその年において債務の確定しないものは除かれる。したがって，不動産等の固定資産税，修繕料，減価償却費，保険料，借入金の利子，仲介料などが必要経費となる。

なお，特例として，家族*1が不動産所得を生ずべき業務に専従している場合には，事業専従者控除（1人につき最高50万円，配偶者については最高86万円）又は青色事業専従者給与の必要経費算入などがある。

＊1　業務をする人がその人の家族に給料，アルバイト料を支払っても，原則として，その支払った額はその人の業務に係る所得の金額の計算上必要経費にならない。

〔留意点〕

① 減価償却費……不動産所得の基因となるアパート，家屋などの建物等に係る取得価額をその建物等の耐用年数に応じて徐々に費用化していく手続を言うが，償却方法について選定していなければ法定償却方法として定額法により計算する。

取得価額×耐用年数に応じる定額法償却率＝減価償却費

（注）　① 平成19年3月31日以前に取得した減価償却資産
（取得価額−＊残存価額）×耐用年数に応じる旧定額法償却率＝減価償却費
＊取得価額×10％＝残存価額
② 所得税法では，減価償却は強制的に行う。

② 上に掲げた費用のうち，その不動産等の貸付け業務とは関係のない費用は，不動産所得の必要経費にはならない。

（3）その他の注意事項

① 権利金など（譲渡所得とされるものを除く。）のうち一定のものは臨時所得とされ，平均課税の適用を受けることができる場合がある。

② 外貨建取引の円換算は，その取引を計上すべき日（以下この項において「取引日」という。）における対顧客直物電信売相場（TTS）と対顧客直物電信買相場（TTB）の仲値（TTM）による。ただし，不動産所得，事業所得，山林所得又は雑所得を生ずべき業務に係るこれらの所得の金額の計算においては，継続適用を条件として，売上その他の収入又は資産については取引日のTTB，仕入その他の経費などについては取引日のTTSによることができる。

③ 損益通算の対象とならない損失

不動産所得の金額の計算上生じた損失の金額のうちに，不動産所得を生ずべき業務の用に供する土地等を取得するために要した負債の利子の額があるときは，その損失の金額のうちその負債の利子相当額として次の金額は損益通算の対象にならない。

④ 固定資産の損失

不動産等の取壊等の損失の必要経費算入について

・事業として営んでいる場合→その全額

・上記以外の場合→不動産所得の金額が限度

> **例題**
>
> 居住者甲の次の資料に基づき，損益通算の対象となる不動産所得の損失の金額を計算しなさい。
>
> ＜資料＞
>
> 1．甲は，令和6年6月に一戸建住宅及びその敷地を90,000,000円で購入し，同日から貸家の用に供している。
>
> 　この一戸建住宅及びその敷地の購入資金はすべて銀行からの借入金によっており，建物部分の取得価額は29,000,000円，土地部分の取得価額は61,000,000円である。
>
> 2．上記一戸建住宅及びその敷地の貸付けに関する資料は，次のとおりである。
>
> (1) 総収入金額　2,700,000円
>
> (2) 必要経費　　3,600,000円
>
> 　このうち900,000円は，一戸建住宅及びその敷地の購入に係る銀行借入金の利子である。

　　　A　土地等を取得するために要した負債利子の額

　　　B　不動産所得の損失の金額

　　　　　A＞Bの場合　…　Bの金額

　　　　　A≦Bの場合　…　Aの金額

1．不動産所得の額

　2,700,000円 － 3,600,000円 ＝ △900,000円（900,000円の損失）

2．土地に係る借入金の利子

　$900,000円 \times \left(\dfrac{61,000,000円}{90,000,000円} \right) = 610,000円$

3．損益通算の対象となる不動産所得の損失の金額

　900,000円 － 2. ＝ 290,000円

4 事業所得

[1] 意　義

　事業所得とは，農業，漁業，製造業，卸売業，小売業，サービス業その他の事業から生ずる所得をいう。ただし，山林所得又は譲渡所得に該当するものは除かれる。

> (注)　不動産の貸付業等に該当する事業から生ずる所得は，不動産所得となる。

[2] 所得金額の計算

> 事業所得の金額 ＝ 総収入金額 － 必要経費

　事業所得の金額は総収入金額から必要経費を控除した金額であるが，青色申告者は，さらに青色申告特別控除10万円又は55万円（一定の場合には65万円）を差引いた金額である。なお，その人に不動産所得があるときは，この青色申告控除額はまず不動産所得の金額の計算上控除する。

> (注)　青色申告特別控除については7ページを参照すること。

(1) 総収入金額

　　総収入金額に算入すべき金額は，原則として，その年において収入すべき金額をいう。一般に

次のようなものが総収入金額とされる。収入すべき金額とは，実際に入金された金額ではなく，その年中において収入として確定した金額をいう。（いわゆる発生主義。）

① 売上高（家事消費売上，贈与，低額譲渡を含む）
　　なお，割賦販売の場合には割賦基準の採用など収益計上に関する特例がある。
② 棚卸資産の損害について受ける保険金，賠償金額。
③ 作業くず，空箱等の売却代金，仕入割引，リベート，使用人宿舎の使用料，事業に関連して取引先などへの貸付金の利子など。
④ 受贈益，各種引当金戻入額，準備金取崩額など。

（注1） 家事消費売上，贈与……棚卸資産である商品などを個人的に使用することであるが，次のうち多い方の金額以上で売上計上しなければならない。

> a．取得価額　　b．販売価額×70％

（注2） 低額譲渡……友人などに通常の販売価額より低い値段で売ることであるが，販売価額の70％の金額よりも低額で売ったときはその販売価額の70％で売上計上しなければならない。

（注3） 棚卸資産……事業所得を生ずべき事業に係る商品，製品，半製品，仕掛品，原材料その他の資産（有価証券及び山林を除く）で棚卸しをすべきものとして特定のものをいう。

（注4） 棚卸資産の販売収入計上時期……棚卸資産の販売につき，その収入を総収入に算入すべき時期は，その資産の引き渡しがあった日の属する年分となる。

（注5） 委託販売……棚卸資産の委託販売による収入金額については，原則として，受託者がその委託品を販売した日の属する年分に計上する。なお，受託者が販売した委託品に係る販売手数料は必要経費に算入される。

（注6） 試用販売……棚卸資産の試用販売による収入金額については，原則として，相手方が購入の意思表示をした日の属する年分に計上される。

（注7） 仕入割戻しの計上時期……仕入割戻しがあった場合には，次に掲げる日の属する年分の総収入金額に算入する。
　　　ⅰ　算定基準が明確な場合には，購入をした日
　　　ⅱ　上記以外の場合には，仕入割戻しの金額の通知を受けた日

（注8） 少額減価償却資産や一括償却資産の譲渡は，棚卸資産に準ずる資産として，その業務の用に供されていた所得の総収入金額に算入される。ただし，中小企業者に該当する青色申告者が取得価額30万円未満の減価償却資産を取得等し業務の用に供した場合で，その資産の売却に係る所得は，棚卸資産に準ずる資産として譲渡所得に含まれない資産であると規定されていないことから，譲渡所得となる。

（注9） 広告宣伝用資産の贈与等を受けた場合の取扱い
　　　ⅰ　総収入金額に算入すべき額
　　　　　次により計算した経済的利益の額を，事業所得の金額の計算上総収入金額に算入する。ただし，その金額が30万円以下の場合には，経済的利益はないものとされる。

> $$資産の価額（贈与者等の取得価額）\times\left(\frac{2}{3}\right) - 支出した金額$$

　　　ⅱ　取得価額
　　　　　次により計算した金額を，その贈与等により取得した広告宣伝用資産の取得価額として減価償却費の計算をする。

> 上記ⅰの経済的利益の額 ＋ 支出した金額

（注10） 所得補償　事業主が自己を被保険者として支払う所得補償保険の保険料は必要経費の額に算入されず，受け取った保険金は非課税所得とされる。

(2) 必要経費

　　必要経費に算入すべき金額は，原則として総収入金額に係る売上原価その他収入を得るために直接に要した費用の額及びその年における販売費，一般管理費その他の費用（償却費以外の費用でその年において債務の確定しないものを除く）の額とされる。

　　これらの必要経費のうち主なものを説明する。

① 売上原価
　　商品などの売上高に対する売上原価は簿記会計で行う方法と同じ方法により計算する。

$$\boxed{年初棚卸高} + \boxed{その年の仕入高} - \boxed{年末棚卸高} = \boxed{売上原価}$$

　年末棚卸高をどのように評価するかによって売上原価は増減する。そこで税法は年末棚卸高の方法を原則として限定している。

《棚卸資産の取得価額》
① 他から購入した資産……購入対価の額＋引取運賃などの費用の額
② 自己が製造等した資産……製造に要した材料費，労務費，経費の合計額＋製造に要した検査費用などの額
③ その他の取得方法……取得価額＋その資産に係る直接費

《評価方法》
① 個別法　　　② 先入先出法　　③ 総平均法　　④ 移動平均法
⑤ 最終仕入原価法　　⑥ 売価還元法
　青色申告者については上記の原価法による原価と年末時の時価とを比較して，低い価額で評価（低価法）することができる。

　ａ．評価方法の選定届出……棚卸資産の種類ごとに，事業を開始した年の翌年3月15日までに納税地の所轄税務署長に届出なければならない。
　ｂ．法定評価方法……………評価の方法を届出なかった場合や届出た評価の方法によらないで評価した場合には，最終仕入原価法で評価しなければならない。
　ｃ．評価方法の変更…………現在採用している評価方法を変更する場合は変更しようとする年の3月15日までに変更申請書を提出し，税務署長の承認を受けなければならない。なお，適法に申請したがその年の12月31日までに税務署長から承認又は却下の処分がなかったときは，その日において承認されたものとみなされる。
　ｄ．陳腐化やたなざらしのため通常の価額で販売できなくなった商品については，年末時価をもって取得価額とすることができる。
　ｅ．試用販売に係る商品で，年末までに相手方が購入の意思表示をしていないものは，年末商品棚卸高に含めて売上原価を計算することになる。
　ｆ．委託販売に係る商品で，年末までに受託者が販売していない商品については，受託者の年末商品棚卸高に含めて売上原価を計算することになる。
　ｇ．個人からの贈与や相続等（限定承認以外），時価の2分の1未満での低額譲受（譲渡損の生じた場合に限る。）など＊₁＝贈与者などの取得価額

＊1　上記以外の相続，贈与，低額譲受＝課税時期（事由が発生した時）における資産の評価額

② 租税公課・罰科金
　　租税公課とは，税金や業務上の団体の会費などをいうが，必要経費と認められるものと必要経費と認められないものがある。

《租税公課》
　ａ．必要経費にならない租税公課………所得税，住民税，相続税，国税の延滞税・加算税・地方税の延滞金・加算金など。
　ｂ．必要経費になる租税公課……………事業税 (注)，固定資産税，利子税，物品税，印紙税，組合等の会費など。

(注)　事業を廃止した年分の事業税については，課税見込額として計算した金額を必要経費の額に算入する。

　　罰金，科料および過料は原則として必要経費にならない。

　　なお，損害賠償金についてはその様態によって必要経費になるかを判断する。

（参考） 資産に係る控除対象外消費税額等の必要経費算入

　税抜経理方式を採用している場合において，その課税期間中の課税売上高が5億円超または課税売上割合が95パーセント未満である場合には，その課税期間の仕入控除税額は，課税仕入れ等に対する消費税額等の全額ではなく，課税売上げに対応する部分の金額のみ控除される。そのため，控除されない消費税額等については，原則として費用の額に計上することとなるが，所得税法では，その必要経費の額に算入するための方法について，別途取り扱いを定めている。

⑴　費用に係る控除対象外消費税額等

　　原則として必要経費の額に算入

⑵　資産等に係る控除対象外消費税額等

①　課税売上割合が80%以上の場合

　　必要経費の額に算入

②　課税売上割合が80%未満の場合

　㈤　棚卸資産，一の資産に係る金額が20万円未満のもの，特定課税仕入れにかかるもの

　　　必要経費の額に算入

　㈪　上記以外のもの（繰延消費税額等）

　　　必要経費算入限度額（＊）まで必要経費の額に算入

　　　（＊）必要経費算入限度額

　　　　①　発生事業年度

$$繰延消費税額等 \times \frac{事業の月数}{60} \times \frac{1}{2}$$

　　　　②　$$繰延消費税額等 \times \frac{事業の月数}{60}$$

---

③　減価償却費

　　業務の用に供している建物，構築物，機械及び装置，船舶，車両及び運搬具，工具・器具及び備品，鉱業権などを減価償却資産という。

　　減価償却資産はその性質から有形減価償却資産，無形減価償却資産，生物に分類される。

㈠　非減価償却資産………土地，借地権，建設中のもの，書画や骨とう（一定のものを除く），電話加入権などは使用や時間の経過により減価しないので，減価償却の対象とはならない。

㈡　少額減価償却資産……取得価額が10万円未満または耐用年数が1年未満の減価償却資産（貸付け（主要な事業として行われるものを除く）の用に供した資産を除く）については，その使用時に必要経費に算入する。

㈢　一括償却資産…………取得価額が20万円未満の減価償却資産（貸付け（主要な事業として行われるものを除く）の用に供した資産を除く）については，一括してその取得価額を3年間均等に償却することができる。

㈣　青色申告の中小企業者に該当する個人が，令和8年3月31日までの間に取得価額30万円未満の資産（上記㈡,㈢の適用を受けるものを除き，貸付（主要な事業として行われるものを除く）の用に供した資産を除く。）を取得し，業務の用に供した場合，その取得価額について，年間300万円を上限に，必要経費に算入できる。

㈤　償却方法

イ．有形減価償却資産（ハを除く）	定額法・定率法
ロ．無形減価償却資産（ニを除く），生物	定額法
ハ．鉱業用減価償却資産（ニを除く）	定額法・定率法・生産高比例法
ニ．鉱業権	定額法・生産高比例法

　（注） 表中のアンダーラインは法定償却方法を示す

＊1　利子税……所得税を延納する場合に課される税金である。

＊2　罰金や科料は刑法上の刑罰で，前者の方が重い。過料は刑罰ではなく行政罰で軽微な場合に適用される。

＊3 ●平成10年4月1日以後に取得した建物については定額法による。
  ●平成28年4月1日以後に取得する建物附属設備及び構築物については，定額法による。
  ●平成28年4月1日以後に取得する鉱業用減価償却資産（建物・建物附属設備及び構築物に限る）については，定額法又は生産高比例法による。

(F) 償却方法の選定届出……減価償却資産の種類等ごとにその年の翌年3月15日までに納税地の所轄税務署長に届出なければならない。

(G) 償却方法の変更…………現在採用している償却方法を変更する場合は，変更しようとする年の3月15日までに変更申請書を提出し，税務署長の承認を受けなければならない。なお，適法に申請したが，その年の12月31日までに税務署長から承認又は却下の処分がなかったときは，その日において承認されたものとみなされる。

(H) 耐用年数，償却率については「減価償却資産の耐用年数等に関する省令」によって定められている。

(I) 取得価額は，その資産の購入代価（購入費用を含む）に，その業務の用に供するために直接要した費用の額を加えた金額である。また，資本的支出とされる金額は取得価額に加える。

(J) 年の中途で業務の用に供した場合……使用した月数により月額計算する。

(K) 中古資産を取得した場合の耐用年数

　イ．簡便法による耐用年数

　　次に掲げる資産の区分に応じ，それぞれに定める年数を耐用年数として，減価償却の計算をする。

　　ⓐ 法定耐用年数の全部を経過した資産

　　　| 法定耐用年数 × 20% |

　　ⓑ 法定耐用年数の一部を経過した資産

　　　| （法定耐用年数 － 経過年数）＋ 経過年数 × 20% |

(注1) 計算の結果，1年未満の端数は切り捨てる。
(注2) 計算の結果，2年未満となった場合には，耐用年数を2年として計算する。

　ロ．簡便法が適用できない場合

　　中古資産を事業の用に供するに当たって支出した資本的支出の金額がその資産の再取得価額の50%相当額を超える場合には，法定耐用年数により減価償却費の計算をする。

(注1) 資本的支出とは，固定資産の修理，改良費のうち，その固定資産の使用可能期間を延長または価値を増加させる部分をいう。

(L) 資産損失の取扱い

　　事業用固定資産に係る資産損失額は，次により計算した金額を事業所得の金額の計算上，必要経費に算入する。

　　損失直前の帳簿価額－損失直後の価額－発生資材－保険金等

(注) 事業用固定資産の損失の補塡としての保険金等については，非課税とされるが，資産損失額の計算上は控除する。

(M) 非業務用から業務用への転用

　　減価償却資産で，不動産所得，事業所得，山林所得または雑所得を生ずべき業務の用に供していないもの（以下「非業務用資産」という。）を，これらの所得を生ずべき業務の用に供した場合の減価償却費の計算は，まず，非業務用資産として使用していた期間における「減価の額」の計算を行い，この「減価の額」をその資産の取得価額から控除した金額（以下「未償却残高相当額」という。）をその業務の用に供した日におけるその資産の未償却残高とし，この未償却残高または取得価額を基礎として，その業務の用に供した後の減価償却費の計算

を行う。

(参考) 業務の用に供した日における未償却残高相当額の計算

その資産の取得価額から、その資産と同種の減価償却資産に係る耐用年数に 1.5 を乗じて計算した年数により
旧定額法に準じて計算した金額に、その資産の業務の用に供されていなかった期間に係る年数を乗じて計算し
た金額を控除した金額である。

〈計算式〉

（未償却残高）＝（取得価額）－（業務の用に供されていなかった期間*1 につき、耐用年数の 1.5 倍
　　　　　　　　　　に相当する年数*2 で、旧定額法に準じて計算した減価の額）
　　　　　　　＝（その資産の業務の用に供した日における未償却残高）

＊1　業務の用に供されていなかった期間に係る年数に 1 年未満の端数があるときは、6 か月以上の端数は 1 年とし、
　　　6 か月に満たない場合は切捨する。

＊2　1.5 倍に相当する年数に 1 年未満の端数があるときは、1 年未満切捨する。

例題

販売業を営む居住者甲（以下「甲」という。）は，令和 6 年中に中古資産を取得し，事業の用
に供している。

次の資料に基づき，取得した中古資産に係る令和 6 年分の減価償却費の額を計算しなさい。

＜資料＞

1．甲が令和 6 年中に取得し，事業の用に供した中古資産は次のとおりである。

中古資産	事業供与日	取得価額	法定耐用年数	経過年数
営業用車輌	令和 6 年 3 月 7 日	900,000円	6 年	2 年
営業用備品	令和 6 年 9 月11日	210,000円	8 年	5 年

(1)　車輌は，取得後直ちに事業の用に供したもので，支出した改良費はなかった。

(2)　備品は，取得後改良費790,000円を支出し，その後事業の用に供したものである。

なお，備品の新品での再取得価額は1,000,000円である。

2．甲は，車輌及び運搬具並びに器具及び備品の償却方法として定額法を選定している。

3．定額法の償却率は，次のとおりである。

耐用年数	2 年	3 年	4 年	5 年	6 年	7 年	8 年
償却率	0.500	0.334	0.250	0.200	0.167	0.143	0.125

1．車輌

(1)　耐用年数

（6 年 － 2 年）＋ 2 年 × 20％ ＝ 4.4年　∴4年（1 年未満切捨て）

(2)　減価償却費

$900,000円 × 0.250 × \dfrac{10}{12} = 187,500円$

2．備品

(1)　耐用年数

支出改良費 790,000円 ＞ 再取得価額1,000,000円 × 50％ ＝ 500,000円　∴8年

〔解説〕　支出改良費が再取得価額の50％を超えるため，採用する耐用年数は法定耐用年数となる。

(2)　減価償却費

$（210,000円 ＋ 790,000円）× 0.125 × \dfrac{4}{12} = 41,666円（1 円未満切捨）$

④　繰延資産償却

　　所得税法上の繰延資産とは不動産所得，事業所得，山林所得又は雑所得を生ずべき業務に関し個人が支出する開業費，開発費のほか共同的施設の負担金等の費用で支出の効果がその支出の日以後 1 年以上におよぶものをいう。

　　開業費，開発費，試験研究費については支出後 5 年以内に任意に償却することができるが，税法独自に定めている繰延資産については，支出の効果がおよぶ期間内に均等償却する。

> **（注 1）**　共同アーケード建設のための負担金，商店街の共同の日よけ設置のための負担金，貸借した商品倉庫に係る権利金など。
> **（注 2）**　支出額が 20 万円未満のときは，その全額をその年の償却費として必要経費の額に算入する。

⑤　貸倒損失

　　売掛金，受取手形，貸付金などの貸金について，会社更生法など法律の規定などにより切捨てられることとなった金額，回収できないことが明らかになった金額その他一定の場合には，貸倒損失として必要経費に算入する。

⑥　貸倒引当金

　　事業の遂行に生じた貸金の損失の見込額として次の方法により計算した金額の合計額を貸倒引当金に繰入れた場合には，その繰入額は必要経費に貸入される。

(A)　個別評価による繰入額

　　事業の遂行上生じた貸金につき，次のような事実が生じた場合には，個別評価貸金の損失の見込額として，一定の金額を必要経費に算入することができる。

　　Ⓐ　ａ．更生手続開始の申立て

　　　　ｂ．再生手続開始の申立て

　　　　ｃ．破産手続開始の申立て

　　　　ｄ．特別清算開始の申立て

　　　　ｅ．手形交換書の取引停止処分

　　上記のような事実が生じた場合には，その個別評価貸金等の額の 100 分の 50 相当額を必要経費に算入することができる。

　　Ⓑ　再生計画認可の決定等，又は債務者の債務超過の状態が相当期間継続し，かつ事業好転の見込みがない場合…回収不能と認められる金額として一定の金額。

(B)　一括評価による繰入額（青色申告者のみ）

　　ａ．繰入限度額

$$\left(\begin{array}{c}12\text{月}31\text{日現在の}\\ \text{貸金の帳簿価額}\end{array}\right) \times \frac{55}{1,000} \left(\text{金融業は} \frac{33}{1,000}\right) = \text{繰入限度額}$$

> **（注）**　貸金とは売掛金，受取手形，割引手形，貸付金など事業遂行に関連して生じた債権の額から，同じ取引先に売掛金と買掛金の両方がある場合のように，実質的に債権とみられない額を控除した残額をいう。なお，保証金，預貯金及びその未収利子，仮払金，立替金，仕入割戻しの未収金などは貸倒引当金の設定対象となる貸金には該当しない。
> 　実質的に債権とみられない額については個別法と簡便法があり，いずれか有利な方法を採用することができる。
> 　ａ）個別法：得意先別に債権と債務を比較し，いずれか低い金額を採用する方法
> 　ｂ）簡便法：平成 27 年 1 月 1 日以後引き続き事業を営んでいるものが，個別法の他に，原則その年 12 月 31 日における一括評価貸金の額に，平成 27 年及び平成 28 年の各年の 12 月 31 日における一括評価貸金の額の合計額のうち，その各年の 12 月 31 日における債権とみられない額の占める割合（小数点以下 3 位未満切捨）を乗じて計算した金額を，その年の債権とみられない額として計算する方法

(C)　翌年の取扱い

　　前年に必要経費に算入された金額は，その年分の事業所得の金額の計算上，総収入金額に算入する。（法定処理）

> **例題**
>
> 居住者甲の令和 6 年分の貸倒引当金額繰入額を計算しなさい。
>
> ＜資料＞
>
> 事業債権の年末残高は次のとおりである。
>
> (1)　受取手形　2,500,000円
>
> 　①　上記金額とは別に，銀行で割引したもので年末現在決済日が到来していないもの700,000
> 　　　円がある。
>
> 　②　上記金額には，本年12月 7 日に再生手続開始の申立てを行っているSP社に対するもの
> 　　　500,000円が含まれている。
>
> (2)　売掛金　3,500,000円
>
> 　①　上記金額とは別に，貸倒損失として処理したLP社に対するもの60,000円がある。
> 　　　　なお，LP社は遠方地域にある得意先で，資力を喪失しているとは言い難い状況にあるが，
> 　　　同社に対する再三の督促にも関わらず弁済がないことから計上したものである。なお，LP
> 　　　社が所在する地域の他に得意先はなく，回収のための旅費等は100,000円を要すると認め
> 　　　られる。
>
> 　②　上記金額には，得意先BP社に係るもの200,000円が含まれている。当該売掛金は，本年
> 　　　12月25日に注文を受け，翌年 1 月15日に引き渡した商品に係るものである。
>
> 　③　上記金額には，相互取引をしており買掛金が500,000円あるBP社に対するもの600,000
> 　　　円が含まれている。
>
> (3)　貸付金　4,500,000円
>
> 　　上記金額の内訳は，次のとおりである。
> 　①　取引先VP社に対するもの　2,500,000円
> 　②　親戚Dに対するもの　2,000,000円
>
> (4)　商品仕入れに係る前渡金　1,000,000円
>
> (5)　実質的に債権とみられないものの額を簡便法により計算する場合の割合
> 　　0.070

(1)　個別評価

　　$500,000円 \times 50\% = 250,000円$

(2)　一括評価

　①　年末債権の額

　　　$2,500,000円 + 700,000円 - 500,000円 + 3,500,000円 - 200,000円 + 2,500,000円 = 8,500,000円$

　②　実質的に債権とみられないものの額

　　(イ)　原則法

　　　　$500,000円 < 600,000円　\therefore　500,000円$

　　(ロ)　簡便法

　　　　$8,500,000円 \times 0.070 = 595,000円$

　　(ハ)　(イ) < (ロ)　$\therefore$　500,000円

　③　年末貸金の額

　　　$8,500,000円 - 500,000円 = 8,000,000円$

　④　繰入額

　　　$8,000,000円 \times \left(\dfrac{55}{1,000}\right) = 440,000円$

(3)　(1) + (2) = 690,000円

⑦　家族従業員に対する給料

　　居住者と生計を一にする親族がその居住者の営む事業に従事したことにより，支払を受ける給料は，原則として，その居住者の所得の金額の計算上必要経費に算入しない。

　　しかし，特例として次の二つのものが認められている。

　ａ．青色事業専従者給与額

　　青色申告者と生計を一にする配偶者や15才以上の親族でもっぱらその居住者の営む事業に従事する場合には，「青色事業専従者給与に関する届出書」を提出することにより，その事業に従事した期間，労務の性質などから見て労務の対価として相当と認められるものは，必要経費に算入される。

　ｂ．事業専従者控除額

　　居住者（青色申告者を除く）と生計を一にする配偶者や15才以上の親族でもっぱらその居住者の営む事業に従事（年を通じ６か月以上）するものがある場合には，各事業専従者について，次に掲げる金額のうちいずれか低い金額を必要経費とみなす。

　イ．50万円（配偶者は86万円）

　ロ．（事業所得の金額，不動産所得の金額，山林所得の金額）÷（専従者の数＋１）

　　　居住者の事業専従者（上記ａ又はｂの対象とされた者）は，その居住者の控除対象配偶者又は扶養親族とすることができない。

　　　また，事業専従者が受ける対価は給与所得の収入金額になる。

⑧　家事関連費等

　　家事上の経費やこれに関連する経費は必要経費に算入することは認められない。店舗併用住宅のような場合，店の費用と家事費が一括して支払われる場合があるが，必要経費と明らかにされない部分の金額については必要経費にされない。

⑨　生計を一にする親族に対する家賃等

　　生計を一にする配偶者その他の親族に支払う地代家賃などは，必要経費にならない。反対に，受け取った親族の所得とも考えない。これは，土地や家屋に限らず，その他の資産を借りた場合も同様である。ただし，その資産に係る費用については，必要経費の額に算入する。例えば，子が生計を一にする父から業務のために借りた土地・建物に課される固定資産税等の費用は，子が営む業務の必要経費となる。

［３］収入及び費用の帰属時期の特例

(1)　工事の請負

①　長期大規模工事に該当する工事（ソフトウェアの開発を含む。）の請負については，各年分の事業所得の計算上，工事進行基準の方法により計算した金額を，総収入金額及び必要経費に算入する。

> **(注)** 長期大規模工事とは，その着工の日から目的物の引渡氏の日までの期間が１年以上であり，その対価の額が10億円以上，その他所定の要件を満たす工事をいう。

②　①に該当しない工事の請負のうち，着工の年度にその引渡が行われないものについては，工事進行基準の方法又は工事完成基準の方法のいずれかの方法により計算した金額を，総収入金額及び必要経費に算入する。

> **(注)** 工事進行基準とは，その年度における工事の進行程度により収益費用を計算する方法で，工事完成基準とは，その年度における完成した工事の収益費用を計算する方法である。

(2)　小規模事業者等の現金主義による所得計算

①　小規模事業者等の収入及び費用の帰属時期

青色申告書を提出することにつき税務署長の承認を受けている居住者で不動産所得または事業所得を生ずべき業務を行うもののうち，小規模事業者に該当する年分の不動産所得の金額または事業所得の金額（山林の伐採又は譲渡に係るものを除く。）の計算上，総収入金額及び必要経費に算入すべき金額は，現金主義による計算した金額とすることができる。

② 現金主義による所得計算の選択手続

その年分以後の各年分の所得税について①の選択をする居住者は，その選択をしようとする年の3月15日（その年の1月16日以後に業務を開始した場合は，その業務を開始した日から2か月以内）までに，一定の事項を記載した申請書を納税地の所轄税務署長に提出しなければならない。

5 給与所得

[1] 意　義

給与所得とは，俸給，給料，賃金，歳費及び賞与並びにこれらの性質を有する給与（「給与等という」）に係る所得をいう。

> **(注)** ①給与等に加算される残業手当や家族手当は所得に含めるが，一定額以内の宿日直手当や通勤手当（月額150,000円まで）などは非課税とされる。
> ②勤務する会社から永年勤務表彰として商品券などを受領した場合には給与所得に該当する。

[2] 所得金額の計算

給与所得の金額 ＝ 収入金額 － 給与所得控除額 － 特定支出控除額（一定の要件を満たすもの）

給与等の収入金額 （給与所得の源泉徴収票の支払金額）		給与所得控除額
	1,625,000円まで	550,000円
1,625,000円超	1,800,000円以下	収入金額×40％－100,000円
1,800,000円超	3,600,000円以下	収入金額×30％＋80,000円
3,600,000円超	6,600,000円以下	収入金額×20％＋440,000円
6,600,000円超	8,500,000円以下	収入金額×10％＋1,100,000円
8,500,000円超		1,950,000円（上限）

なお，給与所得者が，特定支出（通勤費，転居費，研修費，資格取得費，帰宅旅費，図書費や衣服費などの勤務必要経費）をして，その合計額がその年中の給与所得控除額の2分の1相当額を超える場合には，確定申告をすることにより，その超える部分の金額も収入金額から控除することができる（給与所得控除額を控除した残額から差し引く）。

[3] 所得金額調整控除

本人が特別障害者又は23才未満の扶養親族や特別障害者である扶養親族等を有する者で，給与収入が850万円を超える者は，次の金額が給与所得から控除される。

給与収入の額（1,000万円超の場合は1,000万円）－850万円

> **(注)** 給与所得と公的年金所得を有する者の調整については，P29を参照すること

[4] 年末調整

給与所得者は，給与等の支払の際に所得税が源泉徴収され，給与所得の収入金額が2,000万円以下の場合には，原則として，勤務先で年末にその年の所得税の調整（年末調整）をするだけで，その年の税務手続きを完結させることができる。

6 退職所得

[1] 意 義

　退職所得とは，退職手当，一時恩給その他の退職により一時に受ける給与及びこれらの性質を有する給与（「退職手当等」という。）に係る所得をいう。

> **(注)** 労働基準法第20条(解雇の予告)の規定により使用者が予告をしないで解雇することにより支払われる解雇予告手当は，法定支払額を上回る手当を含め，退職所得に該当する。

[2] 所得金額の計算

$$退職所得の金額 ＝（収入金額 － 退職所得控除額）× \frac{1}{2}$$

　退職手当等は，過去の勤務に基づくもので，老後の生活費でもあるので，担税力を考慮し，上式のように2分の1を乗じたものが退職所得の金額とされ，他の所得と総合しないで退職所得金額という独立した課税標準とされる。

○ 特定役員退職手当等に該当する場合

　取締役や監査役，国会議員や国家公務員など（以下「役員等」という。）で，その役員等としての勤続年数が5年以下の者に対して支払われる退職手当等（特定役員退職手当等という。）については，収入金額から退職所得控除額を控除した残額に対して2分の1は乗じない。

○ 短期退職手当等に該当する場合

　退職手当等の金額が短期退職手当等である場合の退職所得の金額は，次の区分に応じそれぞれに定める金額とする。

　① 　収入金額から退職所得控除額を控除した残額が300万円以下である場合

　　その残額の2分の1に相当する金額

　② 　収入金額から退職所得控除額を控除した残額が300万円超である場合

　　150万円＋その残額から300万円を控除した金額との合計額

> **(注)** 短期退職手当等とは，退職手当等のうち勤続年数が5年以下のもので，特定役員退職手当等に該当しないものをいう。

〈退職所得控除額〉

> 勤続年数が20年以下の場合　40万円×勤続年数（最低80万円）
> 勤続年数が20年超の場合　　800万円＋70万円×（勤続年数－20年）
> 　なお，勤続年数は，1年未満の端数があるときは切上げて計算する。
> 　また，子会社などに出向したような場合については別段の規定がある。

○ 源泉徴収と申告

　退職所得の受給に際し，「退職所得の受給に関する申告書」が支払者を経由して税務署長に提出されている場合には，適正な所得税が源泉徴収され，会社を通して国に納付されることになるので，原則として確定申告をしなくてもかまわない。しかし「退職所得の受給に関する申告書」が提出されていない場合には，受給の際に収入金額の20％相当額の所得税が源泉徴収されることになり，所得税の精算をするには確定申告が必要となる。

○ 同一年中に2以上の退職手当等の支給を受ける場の勤続年数の計算

原則として，退職した会社の各勤続期間のうち最も長い期間により勤続年数の計算をする。ただし，その最も長い期間と重複していない期間がある場合には，その重複していない期間を最も長い期間に加算して，勤続年数を計算する。

例題

次の資料に基づき，居住者乙の令和6年分の退職所得の金額を計算しなさい。

なお，資料の金額のうち，所得税等の源泉徴収の対象となるものは，すべて源泉徴収税額控除前の金額とする。

＜資料＞

1．JC株式会社を退職する際（乙は退職時，同社の役員等ではない。）に支給を受けた金額

 (1) 退職金　19,000,000円

 (2) 功労金　700,000円

　　　この功労金は，乙の在職期間中の功績に対するもので，賞与には該当しない。

 (3) 転居に伴う支度金　100,000円

　　　この支度金は，乙の退職に伴う転居費用に充てるためのもので，通常必要と認められる金額である。

2．JV株式会社を退職する際（乙は退職時，同社の役員等ではない。）に支給を受けた退職金　2,000,000円

3．勤続期間は次のとおりである。

 (1) JC株式会社　平成6年（1994年）4月1日～令和6年（2024年）3月31日

 (2) JV株式会社　平成26年（2014年）9月1日～令和6年（2024年）6月30日

1．収入金額

　19,000,000円 + 700,000円 + 2,000,000円 = 21,700,000円

2．退職所得控除額

 (1) 勤続年数　→平成6年4月1日～令和6年6月30日…30年3月　∴　31年（1年未満切上）

〔解説〕　同じ年に複数の退職金を受給した場合の勤務年数はそれぞれの勤続期間のうち，最も長い期間で勤続年数を計算するのが原則であるが，最も長い勤続期間と重複していない期間がある場合には，その期間を最も長い勤続期間に加算して勤続年数を計算する。

 (2) 退職所得控除額

　　8,000,000円 + 700,000円 × (31年 − 20年) = 15,700,000円

3．退職所得の金額

　$(21,700,000円 − 15,700,000円) \times \left(\dfrac{1}{2}\right) = 3,000,000円$

例題

A社から使用人としての退職金の支給を受けた者が，同じ年に，B社からも使用人としての退職金の支給を受ける場合，B社における源泉徴収税額を計算しなさい。

```
                        勤続年数5年                      使用人退職金：
                   使用人として勤務した期間5年間             300万円
A
社        ●────────────────────────────────●
       H31.2.1                            R6.2.1
        入社                               退職

      勤続年数10年
   使用人として勤務した期間9年3か月間                         使用人退職金：
B                                                        500万円
社 ●────────────────────────────────────────●
  H27.1.1                                    R6.3.31
   入社                                        退職
```

〔解説〕　・　A社から退職金（短期退職手当等）の支給を受ける際の源泉徴収税額は 25,525 円とする。
　　　　　・　B社で使用人として勤務した期間は H27.1.1 から R6.3.31 までの9年3か月間で，勤続年数は10年となり，5年超であるため，退職金（500万円）は一般退職手当等となる。
　　　　　・　その年に2以上の退職手当等がある場合の勤続年数は，A社で勤務した期間とB社で勤務した期間のうち，最も長い期間により計算するが，この最も長い期間と重複していない期間は，この最も長い期間に加算する。この設例では，最も長い期間であるB社で勤務した期間（H27.1.1 ～ R6.3.31）と重複していない期間がないので，勤続年数は H27.1.1 から R6.3.31 の9年3か月間を基に計算し，10年となる。
　　　　　・　一般勤続期間は H27.1.1 から R6.3.31 までの9年3か月間となります。
　　　　　・　短期勤続期間は H31.2.1 から R6.1.31 までの5年間で，短期勤続年数は5年となる。また，短期勤続期間と一般勤続期間が重複している期間は H31.2.1 から R6.1.31 までの5年間で，重複勤続年数は5年となる。

（源泉徴収税額の計算）

①　短期退職所得控除額の計算

$$ 40万円 \times （5年 - 5年） + 20万円 \times 5年 = 100万円 $$

②　一般退職所得控除額の計算

$$ （40万円 \times 10年） - 100万円 = 300万円 $$

③　短期退職手当等に係る退職所得金額の計算

イ　「短期退職手当等の収入金額 - 短期退職所得控除額」が300万円を超えるか否かの計算

$$ 300万円 - 100万円 = 200万円 \leqq 300万円 $$

〔解説〕　300万円を超えないため，次のロのとおり，（（短期退職手当等の収入金額 - 短期退職所得控除額）× $\frac{1}{2}$）により短期退職手当等に係る退職所得金額を求める。

□　短期退職手当等に係る退職所得金額

$$\underset{\text{手当等}}{\boxed{\text{短期退職}}}\quad \underset{\text{所得控除額}}{\boxed{\text{短期退職}}}$$

（300万円　−　100万円）× $\dfrac{1}{2}$ ＝　100万円

④　一般退職手当等に係る退職所得金額の計算

$$\underset{\text{手当等}}{\boxed{\text{一般退職}}}\quad \underset{\text{所得控除額}}{\boxed{\text{一般退職}}}$$

（500万円　−　300万円）× $\dfrac{1}{2}$ ＝　100万円

⑤　退職所得金額の計算

$$\underset{\text{所得金額}}{\boxed{\text{短期退職}}}\quad \underset{\text{所得金額}}{\boxed{\text{一般退職}}}$$

100万円　＋　100万円　＝　200万円

⑥　源泉徴収税額（所得税及び復興特別所得税）の計算

《1円未満端数切捨て》

（200万円 × 10%　−　97,500円）× 102.1%　＝　104,652.5円　⇒　104,652円

$$\underset{\text{徴収税額}}{\boxed{\text{既納付源泉}}}$$

104,652円　−　25,525円　＝　79,127円

〔解説〕　A社から退職金の支給を受けた際の源泉徴収税額 25,525円を差し引く。

7 山林所得

[1] 意　義

山林所得とは，山林の伐採又は譲渡による所得をいう。

ただし，山林をその取得の日以後5年以内に伐採し又は譲渡することによる所得は，山林所得に含まれない（事業所得又は雑所得）。

（注1）　「伐採し又は譲渡する」とは，山林を伐採して譲渡すること，または，山林を伐採しないでそのまま譲渡することをいう。
（注2）　分収造林契約等に係る収入も原則として山林所得となる。

[2] 所得金額の計算

山林所得の金額 ＝ 総収入金額 − 必要経費 − 特別控除額（最高50万円）

山林所得は，長年の管理，育成が一時に利益となることから，所得の金額の計算で特別控除をし，さらに他の所得と総合しないで山林所得金額という独立した課税標準を形成し，五分五乗方式による税額の計算の適用によって課税の緩和がはかられている。なお，青色申告書については青色申告特別

控除（最高10万円）の適用がある。

(1) 必要経費

必要経費に算入すべき金額には，その山林の植林費，取得に要した費用のほか，管理費，伐採費，譲渡費などがある。

なお，その年の15年前の年の12月31日以前から引続いて所有していた山林については概算経費控除という方法が認められる。

(2) 概算経費

概算経費控除は，伐採又は譲渡した年の15年前の12月31日以前から引き続き所有していた山林を伐採又は譲渡した場合に，その譲渡収入金額から伐採費などの譲渡費用を差し引いた金額の50%に相当する金額に伐採費などの譲渡費用を加えた金額を必要経費とする方法である。

$$（譲渡収入金額 － 譲渡費用の額）× 50\% ＋ 譲渡費用の額 ＝ 概算経費$$

[3] 山林の災害等による損失の必要経費算入

災害又は盗難もしくは横領により居住者の有する山林について生じた損失の金額（保険金等により補填される部分を除く）は，その者の損失の生じた日の属する年分の事業所得または山林所得の金額の計算上，必要経費に算入する。

> **(参考)** 保有期間5年以下である山林（事業所得の基因となる山林を除く。）について生じた上記に規定する損失の金額は山林所得の金額の計算上、必要経費に算入する。

例題

居住者甲の令和6年分の山林所得の額を計算しなさい。

＜資料＞

甲は，平成16年7月に6,750,000円で取得した山林を本年8月に18,500,000円で譲渡している。この山林の管理・育成費用は，2,750,000円，伐採・譲渡費用は500,000円であった。なお，甲の山林経営は事業とは認められない。

1．総収入金額　18,500,000円

2．必要経費

① 原則

6,750,000円 ＋ 2,750,000円 ＋ 500,000円 ＝ 10,000,000円

② 概算経費

（18,500,000円 － 500,000円）× 50% ＋ 500,000円 ＝ 9,500,000円

③ 判定　① ＞ ②　∴　10,000,000円

3．1．－2．－ 500,000円 ＝ 8,000,000円

[4] 森林計画特別控除

(1) 特例の対象者

特例の対象者は，森林経営計画の認定を受けている森林の森林所有者である。

特例の要件として，当該森林経営計画が旧計画から継続して作成されることが必要である。ただし，初めて森林経営計画をたてる場合は，継続していなくても特例が適用される。

(2) 特例の内容

森林経営計画に基づいて立木を伐採又は譲渡した場合は，所得金額の計算上次の①，②のうちいずれか低い金額（必要経費を概算経費による場合は①の金額）を森林計画特別控除額として控除

所得税法1級　令和6年度版

解答用紙

株式会社英光社

第1問　損益通算の対象となる不動産所得の損失(1)

1．不動産所得の損失の金額

　　＿＿＿＿＿＿円－＿＿＿＿＿＿円＝＿＿＿＿＿＿円

2．土地に係る借入金の利子

　　＿＿＿＿＿＿円×（ $\dfrac{\text{＿＿＿＿＿＿円}}{\text{＿＿＿＿＿＿円}}$ ）＝＿＿＿＿＿＿円

3．損益通算の対象となる不動産所得の損失の金額

　　＿＿＿＿＿＿円－＿＿＿＿＿＿円＝＿＿＿＿＿＿円

第2問　損益通算の対象となる不動産所得の損失(2)

1．不動産所得の損失の金額

　　＿＿＿＿＿＿円－＿＿＿＿＿＿円＝△＿＿＿＿＿＿円

2．土地に係る借入金の利子

　　＿＿＿＿＿＿円×（ $\dfrac{\text{＿＿＿＿＿＿円}}{\text{＿＿＿＿＿＿円}}$ ）＝＿＿＿＿＿＿円

3．損益通算の対象となる不動産所得の損失の金額

　　＿＿＿＿＿＿円－＿＿＿＿＿＿円＝＿＿＿＿＿＿円

第3問　中古資産に係る減価償却費

1．機械

(1) 耐用年数

　　支出改良費 _____ 円が再取得価額 _____ 円の ___ %相当額を超えるため、適用する

　　耐用年数は ___ 年である。

(2) 減価償却費

$$(\underline{\hspace{2cm}}円+\underline{\hspace{2cm}}円)×0.\underline{\hspace{1cm}}×\frac{\ }{\ \ \ \ }=\underline{\hspace{2cm}}円$$

2．工具

(1) 耐用年数

　　(_年−_年) +_年×__%=※_年　※1年未満の端数切___

(2) 減価償却費

$$\underline{\hspace{2cm}}円×0.\underline{\hspace{1cm}}×\frac{\ }{\ \ \ \ }=\underline{\hspace{2cm}}円$$

第4問　資産損失の金額

1．減価償却費

$$\underline{\hspace{2cm}}円×0.\underline{\hspace{1cm}}×\frac{\ }{\ \ \ \ }=\underline{\hspace{2cm}}円$$

2．資産損失の金額

$$\underline{\hspace{2cm}}円−\underline{\hspace{2cm}}円−\underline{\hspace{2cm}}円=\underline{\hspace{2cm}}円$$

1．貸倒引当金繰入額

(1) 個別評価

　　_____円× ———— ＝_____円
　　　　　　　　　————

(2) 一括評価

　イ．年末債権の額

　　(_____円－_____円) ＋_____円－_____円+_____円

　　+_____円＝_____円

　ロ．実質的に債権とみられないものの額

　　ⅰ．原則法
　　　　　　　　（いずれかを○で囲む）
　　　_____円　　　　＜　　　　　_____円　∴　_____円
　　　　　　　　　　　　＞

　　ⅱ．簡便法

　　　_____円×(注) 0.___＝_____円

　　　(注) 簡便割合

　　　　　————————円
　　　　　　　　　　円 ＝0._____　→　0.___　（小数点以下___位未満切___）

　　ⅲ．判定

　　　　ⅰ___ⅱ　∴　_____円

　ハ．年末貸金の額　イ．－ロ.＝_____円

　ニ．繰入額

　　　_____円× ———— ＝_____円
　　　　　　　　　　————

(3) 小計　(1)＋(2)＝ _____円

2．貸倒引当金戻入額　　　_____円

3．貸倒損失　　　　　　　_____円

第6問　退職所得(1)

1．収入金額

_____円＋_____円＋_____円＝_____円

2．退職所得控除額

(1) 勤続年数

___年 __月 　→　 ___年

(2) 退職所得控除額

_____円＋_____円×（___年－___年）＝_____円

3．退職所得の金額

(_____円－_____円) × ―― ＝_____円

　　　　　　　　　　　　　　　　　　　　　 ――

第7問　退職所得(2)

1．収入金額

_____円＋_____円＋_____円＝_____円

2．退職所得控除額

(1) 勤続年数

___年 __月 　→　 ___年

(2) 退職所得控除額

_____円＋_____円×（___年－___年）＝_____円

3．退職所得の金額

(_____円－_____円) × ―― ＝_____円

　　　　　　　　　　　　　　　　　　　　　 ――

1．収入金額

_____円＋_____円＝_____円

2．退職所得控除額

(1) 勤続年数

__ 年 __月 → __ 年

(2) 退職所得控除額

_____円× __ ＝_____円

3．退職所得の金額

(1) 短期退職手当等の判定

　　　　（いずれかを○で囲む）

勤続年数 __ 年 $\overset{>}{\underset{\leqq}{}}$ __ 年 ∴短期退職手当等に該当 [する・しない]。

(2) 退職所得の金額

_____円＋（_____円－_____円－_____円）＝_____円

〔設問1〕退職所得の金額

1．短期退職手当等

(1) 収入金額　（_____円）

(2) 退職所得控除額

令和元年 __月～令和 __年 __月→__年 __ヶ月　∴__年（1年未満切___）

_____円×（_年－_年）＋_____円×_年＝_____円

(3) 短期退職所得の金額

(1)－(2) ＞_____円

_____円＋ {_____円－（_____円＋_____円）}

＝_____円

2．一般退職手当等

(1) 収入金額　_____円

(2) 退職所得控除額

平成 __年 __月～令和 __年 ___月→ ___年 __ヶ月 ∴ ___年（1年未満切___）

_____円+_____円×（__年−__年）=_____円

_____円−_____円=_____円

(3) 一般退職所得の金額

{（1）−（2）} × ―― =_____円
           ――

3. 1＋2=_____円

〔設問2〕

A 株式会社源泉徴収税額

1. 退職所得の金額

(1) _____円

(2) 令和_年 _月～令和_年 _月→_年 _ヶ月 ∴ _年（1年未満切___）

_____円×_年=_____円

(3) (1)−(2)> _____円

_____円+｛_____円−（_____円+_____円)}

=_____円

2. 源泉徴収税額

_____円×__%−_____円=_____円

_____円×_____=_____円

B 株式会社源泉徴収税額

_____円×__%−_____=_____円

_____円×_____=_____円

_____円−_____円=_____円

＜山林Ａ＞

1．総収入金額　＿＿＿＿＿＿円

2．必要経費

(1) 原則

　　　＿＿＿＿＿＿円＋＿＿＿＿＿＿円＋＿＿＿＿＿＿円＝＿＿＿＿＿＿円

(2) 概算経費

　　　(＿＿＿＿＿＿円−＿＿＿＿＿＿円)×＿＿％＋＿＿＿＿＿＿円＝＿＿＿＿＿＿円

(3) 判定

　　　(1)　＿　(2)　∴　＿＿＿＿＿＿円

3．所得の金額　1．−2．−＿＿＿＿＿＿円＝＿＿＿＿＿＿円

＜山林Ｂ＞

＿＿年以内の伐採又は譲渡は山林所得に含まれ＿＿＿。

1．分離短期　(＿＿＿＿)

　　　＿＿＿＿＿＿＿円－(＿＿＿＿＿＿円＋＿＿＿＿＿円) ＝＿＿＿＿＿＿円

2．総合短期　(＿＿＿＿＿、＿＿＿＿)

(1) 総収入金額

　　　＿＿＿＿＿＿円＋＿＿＿＿＿＿円＝＿＿＿＿＿＿円

(2) 取得費

　　(＿＿＿＿＿＿円－＿＿＿＿＿＿円＝＿＿＿＿＿＿円) ＋＿＿＿＿＿円＝＿＿＿＿＿＿円

(3) 譲渡費用　　＿＿＿＿＿円

(4) 特別控除額

　① (1)－(2)－(3)＝＿＿＿＿＿円

　② ＿＿＿＿＿円

　③ ① ＿ ② ∴ ＿＿＿＿＿円

(5) 所得の金額　(1)－((2)＋(3)) － (4) ＝＿円

3．分離長期　(＿＿＿＿)

　　　＿＿＿＿＿＿円－(＿＿＿＿＿＿円＋＿＿＿＿＿円) ＝＿＿＿＿＿円

4．総合長期　(＿＿)

(1)　総収入金額　＿＿＿＿＿円

(2)　取得費　　　＿＿＿＿＿円

(3)　譲渡費用　　＿＿＿＿＿円

(4)　特別控除額

　① (1)－(2)－(3)＝＿＿＿＿＿円

　② ＿＿＿＿＿円－＿＿＿＿＿円＝＿＿＿＿＿円

　③ ①≧② ∴ ＿＿＿＿＿円

(5) 所得の金額　(1)－((2)＋(3)) － (4) ＝＿＿＿＿＿円

1．居住者丙［譲渡所得］

　Ⅰ．譲渡損益の計算

　(1) 分離短期

　　　＿＿＿＿＿＿円－（＿＿＿＿＿円＋＿＿＿＿円※）＝＿＿＿＿＿円

　　　※＿＿＿＿＿円× $\dfrac{＿＿＿＿＿円}{（＿＿＿＿＿円＋＿＿＿＿＿円）}$

　　　＝＿＿＿＿円

　(2) 分離長期

　　　＿＿＿＿＿円－（＿＿＿＿＿円＋＿＿＿＿円※）＝＿＿＿＿＿円

　　　※＿＿＿＿＿円× $\dfrac{＿＿＿＿＿円}{（＿＿＿＿＿円＋＿＿＿＿＿円）}$

　　　＝＿＿＿＿円

　Ⅱ．課税所得金額

　　課税短期　＿＿＿＿＿円－＿＿＿＿＿円＝＿円

　　課税長期　＿＿＿＿＿円－（＿＿＿＿＿円－＿＿＿＿＿円）＝＿＿＿＿＿円

2．居住者丁［譲渡所得］

　Ⅰ．譲渡損益の計算

　　分離長期　＿＿＿＿＿円－（＿＿＿＿＿円＋＿＿＿＿＿円＋＿＿＿＿＿円

　　　＋＿＿＿＿円）＝＿＿＿＿＿円

　Ⅱ．課税所得金額

　　課税長期　＿＿＿＿＿円－＿＿＿＿＿円＝＿円

第13問　固定資産の交換の場合の譲渡所得の特例(1)

1．交換の特例適用判定

（＿＿＿＿＿＿円－＿＿＿＿＿＿円＝＿＿＿＿＿円）≦　（＿＿＿＿＿円×＿＿%)

＝＿＿＿＿＿＿円

∴適用＿＿＿

2．総収入金額

＿＿＿＿＿＿円－＿＿＿＿＿＿円　≦　＿円　∴譲渡所得は発生＿＿＿＿

第14問　固定資産の交換の場合の譲渡所得の特例(2)

1．交換の特例適用の判定

（いずれかを○で囲む）

（＿＿＿＿＿＿円－＿＿＿＿＿＿円＝＿＿＿＿＿円）　$\begin{matrix}\leqq\\>\end{matrix}$　（＿＿＿＿＿円）×＿＿%

＝＿＿＿＿＿＿円）　　∴適用[あり・なし]

2．総収入金額

＿＿＿＿＿＿円－＿＿＿＿＿＿円＝＿＿＿＿＿円

3．取得費及び譲渡費用

（＿＿＿＿＿円＋＿＿＿＿円）× $\dfrac{\text{＿＿＿＿＿円}}{\text{＿＿＿＿円＋＿＿＿＿円}}$

＝＿＿＿＿＿円

4．譲渡所得の金額

＿＿＿＿＿＿円－＿＿＿＿円＝＿＿＿＿円

1. 所得区分（ ___ 所得）　所得金額（ _____円）

（1）　総収入金額

（_____円＋_____円）＋_____円＝_____円

（2）　支出した金額

_____円＋（_____円－_____円）＝_____円

（3）　特別控除額

（1）－（2）＝_____円　≧　_____円　∴　_____円

（4）

（1）－（2）－（3）＝_____円

2. 所得区分（ _ 所得）　所得金額（ _____円）

（1）　総収入金額

（_____円－_____円）＋_____円＋_____円＝_____円

（2）　必要経費

｛（_____円－_____円）＋_____円｝×0.___（注）＝_____円

（注）　$\dfrac{\text{_____円}}{\text{_____円}}$ ＝0._____…∴0.___（小数点__位以下切り___）

（3）

（1）－（2）＝_____円

1．総収入金額

＿＿＿＿＿円＋（＿＿＿＿＿円＋＿＿＿＿＿円＝＿＿＿＿＿円）＋＿＿＿＿＿円

＝＿＿＿＿＿円

2．必要経費

(1) (2)以外の必要経費

{＿＿＿＿＿円×（$\dfrac{\text{＿＿＿＿＿円}}{\text{＿＿＿＿＿円}}$＝※0.＿＿）＝＿＿＿＿＿円}

＋＿＿＿＿＿円＋（＿＿＿＿＿円＋＿＿＿＿＿円＋＿＿＿＿＿円＝＿＿＿＿＿円）

＝＿＿＿＿＿円　　　　　　　　　　　　　　※小数点以下3位以下切＿＿＿

(2) 資産損失

＿＿＿＿＿円 ＜ （＿＿＿＿＿円－＿＿＿＿＿円＝＿＿＿＿＿円） ∴＿＿＿＿＿円

(3) 合計 (1)＋(2)＝＿＿＿＿＿円

3．雑所得の金額

1．－2．＝＿＿＿＿＿円

1．総収入金額

　　　　　　　　円＋　　　　　　　　円＋　　　　　　　　円＝　　　　　　　　円

2．必要経費

(1)　(2)以外の必要経費

　　　　　　　　円＋{　　　　　　　円×（――――――円――――――＝※0.＿＿）＝　　　　　　円}

　　　　　　　　　　　　　　　　　　　　　　　　　　円

　　＋（　　　　　　　円＋　　　　　　円＋　　　　　円＝　　　　　　　円）＝　　　　　　　　円

　　　　　　　　　　　　　　　　　　　　　　　　　※小数点以下＿位以下切＿＿＿＿

(2)　資産損失

　　　　　　　　円　＜　（　　　　　　　円－　　　　　　円＝　　　　　円）　∴　　　　　　　円

(3)　合計　(1)＋(2)＝　　　　　　　　円

3．雑所得の金額

　　1．－2．＝　　　　　　円

1．損失の額

　　　　　　　　円＋（　　　　　　　円－　　　　　　　円－　　　　　　　円）＋

　　（　　　　　　　円－＿円－　　　　　円）＋　　　　　　円＝　　　　　　　円

2．控除額

(1)　　　　　　　円－（　　　　　　　円×＿％＝　　　　　　円）＝　　　　　　　円

(2)　　　　　　円－　　　　　円＝　　　　　円

(3)　(1)　＞　(2)　∴　　　　　　　円

第19問　雑損控除(2)

1．損失額

(＿＿＿＿＿円－＿＿＿＿＿円) ＋ (＿＿＿＿＿円－＿＿＿＿＿円)

＋＿＿＿＿円＝＿＿＿＿円

2．雑損控除額

(1) ＿＿＿＿円－＿＿＿＿＿円×＿％＝＿＿＿＿円

(2) ＿＿＿＿円－＿＿＿＿円＝＿＿＿＿円

(3) ＿＿＿＿円　$\overset{<}{>}$　＿＿＿＿円　　∴＿＿＿＿円
　　　　(いずれかを○で囲む)

第20問　医療費控除

1．医療費の額

＿＿＿＿円＋＿＿＿＿円＋＿＿＿＿円＝＿＿＿＿円

2．足切額

(＿＿＿＿円×＿％＝＿＿＿＿円)　＞　＿＿＿＿円　∴　＿＿＿＿円

3．医療費控除額

1．－2．＝＿＿＿＿円

1．生命保険料控除額

(1) 一般生命保険料

新契約　　_____円　＞　_____円　　∴_____円

旧契約　　_____円　＞　_____円　　∴_____円

_____円　＜　_____円　　∴_____円

(2) 介護医療保険料

_____円×——— ＋_____円＝_____円

(3) 個人年金保険料

_____円×——— ＋_____円＝_____円

(4) 生命保険料控除額の計算

(1)＋(2)＋(3)＝_____円　＞　_____円　　∴_____円

2．地震保険料控除額

_____円

1．課税標準の合計額

_____円＋_____円＝_____円

2．特定寄附金の合計額

_____円＋_____円＋_____円＝_____円

3．寄附金控除額

(1) _____円　≦　(_____円×__％＝_____円)　∴_____円

(2) (1)−_____円＝_____円

第23問 寄附金控除(2)

1．課税標準の合計額

　　　_____円+_____円=_____円

2．特定寄附金の合計額

　　　_____円+_____円+_____円=_____円

3．寄附金控除額

　　　　　（いずれかを○で囲む）

(1) _____円 $\begin{array}{c}\leqq\\>\end{array}$ (_____円×__%=_____円)　　∴ _____円

(2) （1）−_____円=_____円

第24問 人的控除及び基礎控除

1．障害者控除額

　　_____円

2．配偶者控除

　　____円

3．扶養控除額

　　_____円+_____円+_____円=_____円

4．基礎控除額

　　_____円 < _____円 ≦ _____円　　∴_____円

第25問 損失の取扱い

1	2	3	4	5

1. 適用の判定

　　　　　　　　　円(*1)+　　　　　　　円　≧　　　　　　　　円×＿＿%　　　∴適用＿＿

　　(*1)　　　　　　　円　＞　(　　　　　　円+　　　　　円)×(――)　　∴　　　　　　　円

2. 課税総所得金額

　　　　　　　　　円－　　　　　　　円=　　　　　　　　円(　　　　円未満切＿＿)

3. 平均課税対象金額

　　　　　　　円(*2)+　　　　　　　円=　　　　　　　円

　　(*2)　　　　　　　円－(　　　　　　円+　　　　　円)×(――)=　　　　　　円

4. 調整所得金額

　　　　　　　　　円－　　　　　　　円×(――)=　　　　　　　円(　　　　円未満切＿＿)

5. 調整所得金額に対する税額

　　　　　　　　円×＿＿%－　　　　　　円=　　　　　　　円

6. 平均税率

　　　　　　　　円÷　　　　　　　円=0.＿＿(小数点＿位以下切＿＿)

7. 特別所得金額

　　　　　　　　円－　　　　　　円=　　　　　　円

8. 特別所得金額に対する税額

　　　　　　　　円×0.＿＿=　　　　　円

9. 5.＋8.=　　　　　　円

1．適用の判定

　　　　　　　　　　　　　　　　　（いずれかを○で囲む）

　_____円(注)＋_____円 $\overset{<}{\geqq}$ _____円×__％　　∴適用[あり・なし]

　　　　　　（いずれかを○で囲む）

　(注)　_____円 $\overset{>}{\leqq}$ (_____円＋_____円) × ——　　∴_____円
　　　　　　　　　　　　　　　　　　　　　　　　　　　——

2．課税総所得金額

　_____円－_____円＝_____円 （_____円未満切捨て）

3．平均課税対象金額

　_____円(注)＋_____円＝_____円

　(注)　_____円－(_____円＋_____円) × —— ＝_____円
　　　　　　　　　　　　　　　　　　　　　　——

4．調整所得金額

　_____円－_____円× —— ＝_____円 （_____円未満切捨て）
　　　　　　　　　　　　　　　　——

5．調整所得金額に対する税額

　_____円×__％－_____円＝_____円

6．平均税率

　_____円÷_____円＝0.__ （小数点 __位以下切捨て）

7．特別所得金額

　_____円－_____円＝_____円

8．特別所得金額に対する税額

　_____円×0.__ ＝_____円

9．所得税額

　_____円＋_____円＝_____円

1．配当所得

① ＿＿＿＿＿円÷（1－0.＿＿＿）＝＿＿＿＿＿円

② ＿＿＿＿＿円

③ ①－②＝＿＿＿＿＿円

2．配当控除額

① ＿＿＿＿＿円－＿＿＿＿＿円＝＿＿＿＿＿円 $\begin{matrix}>\\\leqq\end{matrix}$ ＿＿＿＿＿円

（いずれかを○で囲む）

② 128,800円

③ ①＞②　∴＿＿＿＿＿円×＿％＝＿＿＿＿＿円

Ⅰ. 各種所得の金額の計算

区　　分	計　算　過　程
配　当　所　得 ＿＿＿＿＿＿円	1. 収入金額　＿＿＿＿＿円＋＿＿＿＿＿円＝＿＿＿＿＿円 2. 負債の利子　＿＿＿＿＿円 3. 所得の金額　1.－2.＝＿＿＿＿＿円
不　動　産　所　得 ＿＿＿＿＿＿円	1. 総収入金額 ＿＿＿＿＿円＋＿＿＿＿＿円×──＋＿＿＿＿＿円＋＿＿＿＿＿円 ＝＿＿＿＿＿円 2. 必要経費 (1) 減価償却費 ＿＿＿＿＿＿円×0.＿＿＿×──＝＿＿＿＿＿円 (2) その他　＿＿＿＿＿円 (3) 合計　（1）＋（2）＝＿＿＿＿＿円 3. 所得の金額　1.－2.－＿＿＿＿＿円＝＿＿＿＿＿円
事　業　所　得 ＿＿＿＿＿＿円	1. 総収入金額 (1) 一般売上高 ＿＿＿＿＿＿円－＿＿＿＿＿円－＿＿＿＿＿円＝＿＿＿＿＿＿円 (2) 低額譲渡修正高 ＿＿＿＿＿円 $\gtreqless$ （＿＿＿＿＿円×0.＿＝＿＿＿＿＿円） （該当するものを○で囲むこと） ∴　＿＿＿＿＿円 (3) 家事消費高 ＿＿＿＿＿円 $\gtrless$ （＿＿＿＿＿円×0.＿＝＿＿＿＿＿円） （該当するものを○で囲むこと） ∴　＿＿＿＿＿円

(4) 雑収入

_____円－_____円－_____円－_____円

－_____円－_____円－_____円－_____円－_____円

－_____円＝_____円

(5) 貸倒引当金戻入　_____円

(6) 合計　(1)＋(2)＋(3)＋(4)＋(5)＝_____円

2．必要経費

(1) 売上原価

_____円＋_____円－_____円(注)

＝_____円

(注) 年末商品棚卸高

_____円－_____円－_____円＝_____円

(2) 営業費

_____円－_____円－_____円－_____円

－_____円－_____円－_____円－_____円

－_____円×__％＝_____円

(3) 貸倒損失

_____円－_円＝_____円

(4) 共同アーケード償却費

_____円×$\dfrac{\qquad 月}{\quad 年×\quad 月}$＝_____円

(5) 減価償却費

① 店舗用建物　_____円×0._×0.____＝_____円

② 店舗用建物の資本的支出部分

_____円×0.____×——＝_____円

③ 事業用車両　_____円×0.____＝_____円

④ 事業用備品Ａ　_____円×0.___×——＝_____円

⑤　事業用備品Ｂ ＿＿＿＿＿円×0.＿＿＿×──── ＝＿＿＿＿＿円

⑥　小計　①＋②＋③＋④＋⑤＝＿＿＿＿＿円

(6) 青色専従者給与　＿＿＿＿＿円

(7) 貸倒引当金操入額

①　個別評価　＿＿＿＿円×＿＿％＝＿＿＿＿円

②　一括評価

　　イ．年末債権の額

　　　　＿＿＿＿＿円－＿＿＿＿＿円＋＿円＋＿＿＿＿＿円－＿＿＿＿円

　　　　＋＿＿＿＿円＝＿＿＿＿＿円

　　ロ．実質的に債権とみられないものの額

　　　a．原則法　＿＿＿＿円

　　　b．簡便法　＿＿＿＿＿円×0.＿＿＿(注)＝＿＿＿＿円

　　　　　　　　(注) 簡便割合 ────────── ＝0.＿＿＿＿…→0.＿＿＿

　　　　　　　　　　　　　　　　　　　　　　　　　(小数点３位未満切捨)

　　　c．判定　a $\begin{smallmatrix} \geqq \\ < \end{smallmatrix}$ b　∴＿＿＿＿円
　　　　　(該当するものを○で囲むこと)

　　ハ．年末貸金の額　＿＿＿＿＿円－＿＿＿＿円＝＿＿＿＿＿円

　　ニ．繰入額　＿＿＿＿＿円×──── ＝＿＿＿＿円

③　小計　①＋②＝＿＿＿＿円

(8) 合計　(1)＋(2)＋(3)＋(4)＋(5)＋(6)＋(7)＝＿＿＿＿＿円

３．所得の金額　1．－2．＝＿＿＿＿円

山 林 所 得 ＿＿＿＿円	1．総収入金額　＿＿＿＿＿円 2．必要経費 (1) 原則 ＿＿＿＿＿円＋＿＿＿＿円＋＿＿＿＿円＝＿＿＿＿＿円 (2) 概算経費 （＿＿＿＿＿円－＿＿＿＿＿円）×＿＿％＋＿＿＿＿円 ＝＿＿＿＿円

(3) 判定 （1）$\begin{matrix}<\\>\end{matrix}$（2） ∴＿＿＿＿＿円

（該当するものを○で囲むこと）

3．所得の金額　1．−2．−＿＿＿＿＿円＝＿＿＿＿＿円

譲　渡　所　得	1．譲渡損益の計算
分　離　短　期 ＿＿＿＿＿円 総　合　短　期 ＿＿＿＿＿円 分　離　長　期 ＿＿＿＿＿円 総　合　長　期 ＿＿＿＿＿円	（1）分離短期（＿＿＿＿＿） ＿＿＿＿＿円−（＿＿＿＿＿円＋＿＿＿＿＿円） ＝＿＿＿＿＿円 （2）総合短期（＿＿＿＿＿） ＿＿＿＿＿円−（＿＿＿＿＿円−＿＿＿＿＿円）＝＿＿＿＿＿円 （3）分離長期（＿＿＿＿＿） ＿＿＿＿＿円−（＿＿＿＿＿円＋＿＿＿＿＿円）＝＿＿＿＿＿円 （4）総合長期（＿＿＿＿＿） ＿＿＿＿＿円−（＿＿＿＿＿円＋＿＿＿＿＿円）＝＿＿＿＿＿円 2．内部通算（総合短期・総合長期相互間での通算） ＿＿＿＿＿円−＿＿＿＿＿円＝＿＿＿＿＿円 3．所得の金額 （1）分離短期　＿＿＿＿＿円 （2）分離長期　＿＿＿＿＿円 （3）総合長期　＿＿＿＿＿円−＿＿＿＿＿円＝＿＿＿＿＿円
一　時　所　得 ＿＿＿＿＿円	1．総収入金額　＿＿＿＿＿円 2．支出した金額　＿＿＿＿＿円 3．所得の金額　1．−2．−＿＿＿＿＿円＝＿＿＿＿＿円
雑　所　得 ＿＿＿＿＿円	1．総収入金額　＿＿＿＿＿円＋＿＿＿＿＿円＝＿＿＿＿＿円 2．必要経費　＿＿＿＿＿円 3．所得の金額　1．−2．＝＿＿＿＿＿円

Ⅱ．課税標準額の計算

総 所 得 金 額 _____円	_____円+_____円+_____円+_____円
	+（_____円+_____円）×—— =_____円
短 期 譲 渡 所 得 の 金 額 _____円	
長 期 譲 渡 所 得 の 金 額 _____円	
山 林 所 得 金 額 _____円	
合 計 _____円	

Ⅲ．所得控除額の計算

雑 損 控 除 _____円	1．損失の額
	（_____円－_____円－_____円）
	＋（_____円－_円－_____円）＋_____円
	＝_____円
	2．控除額
	(1) _____円－（_____円×_％＝_____円）
	＝_____円
	(2) _____円－_____円＝_____円
	(3) 判定 （1） >< （2） ∴_____円
	（該当するものを〇で囲むこと）
医 療 費 控 除 _____円	_____円－{ _____円×_％＝ _____円 ① / _____円 ② }
	①,②のうちいずれか ［ 少ない・多い ］ 方の金額
	＝_____円
社 会 保 険 料 控 除 _____円	

生命保険料控除 _____円	1．旧契約一般分　　　_____円×──＋_____円＝_____円 2．新契約介護医療分　_____円×──＋_____円＝_____円 3．新契約個人年金分　_____円＞_____円　∴_____円 4．合計　　　　　　1．＋2．＋3．＝_____円
地震保険料控除 _____円	
障　害　者　控　除 _____円	
扶　養　控　除 _____円	_____円＋_____円＝_____円
基　礎　控　除 _____円	_____円　＞　_____円　※　_____円
合　　　　　計 _____円	

Ⅳ．課税所得金額の計算

(1)　課税総所得金額 _____円	_____円－_____円＝_____円　（_____円未満切捨）
(2)　課　税　短　期 　　　譲渡所得金額 _____円	（_____円未満切捨）
(3)　課　税　長　期 　　　譲渡所得金額 _____円	（_____円未満切捨）
(4)　課　税　山　林 　　　所　得　金　額 _____円	（_____円未満切捨）

V．納付税額の計算

Ⅳ．の（1）に対する税額 _____円	_____円×__％－_____円＝_____円
Ⅳ．の（2）に対する税額 _____円	_____円×__％＝_____円
Ⅳ．の（3）に対する税額 _____円	_____円×__％＝_____円
Ⅳ．の（4）に対する税額 _____円	｛（_____円÷_＝_____円）×__％－_____円 ＝_____円｝×_＝_____円
算 出 税 額 計 _____円	
配 当 控 除 _____円	｛（_____円＋_____円＋_____円） －_____円＝_____円｝ ＞ _____円 ∴_____円×_％＝_____円
差引所得税額（基準所得税額） _____円	_____円－_____円＝_____円
復興特別所得税額 _____円	_____円×__％＝_____円
合 計 税 額 _____円	_____円＋_____円＝_____円
源 泉 徴 収 税 額 _____円	
申 告 納 税 額 _____円	_____円－_____円＝_____円→_____円 （____円未満切捨）
予 定 納 税 額 _____円	
納 付 税 額 _____円	_____円－_____円＝_____円

することができる。

① 立木の伐採等に係る収入金額（伐出費，譲渡経費を除く。）の20％相当額
（収入金額が2,000万円を超える部分については10％）

② 立木の伐採等に係る収入金額（伐出費，譲渡経費を除く。）の50％相当額から必要経費（伐出費，譲渡経費及び森林経営計画が定められている区域内に係る被災事業用資産の損失の金額を除く。）を控除した残額

8 譲渡所得

[1] 意　義

譲渡所得とは，資産の譲渡（建物又は構築物の所有を目的とする借地権等で一定のものを含む。）による所得という。

ただし，たな卸資産等の譲渡，山林の伐採又は譲渡による所得は除かれる。

《譲渡所得の区分》	① 総合課税短期譲渡所得	② 総合課税長期譲渡所得
	③ 分離課税短期譲渡所得	④ 分離課税長期譲渡所得
	⑤ 株式等に係る譲渡所得	

（注１）建物又は建築物の所有を目的とする借地権設定の対価である権利金等については，その権利金等が更地としての時価の10分の5を超えるときは，譲渡所得となる。

（注２）「譲渡」には，交換，現物出資，法人に対する贈与・遺贈などが含まれる。
譲渡所得は，譲渡資産の保有期間が5年以内であるか否かによって，短期譲渡所得と長期譲渡所得に区分される。

[2] 所得金額の計算

短期譲渡所得の金額 ＝ 総収入金額 －（取得費＋譲渡費用）－ 特別控除額
長期譲渡所得の金額 ＝ 総収入金額 －（取得費＋譲渡費用）－ 特別控除額

（注１）特別控除額（最高50万円）は，まず短期譲渡所得の譲渡益から控除し，次に長期譲渡所得の譲渡益から控除する。

（注２）減価しない資産の取得費　譲渡所得の金額の計算上控除する減価しない資産の取得費は，原則として，その資産の取得に要した金額並びに設備費及び改良費の額の合計額とする。

（注３）生活に通常必要でない資産（下記(2)参照）の災害，盗難，横領による損失はその年又は翌年の譲渡所得から控除すべき金額とみなす。

長期譲渡所得の金額は総所得金額に算入するときに2分の1にする。これは長期保有資産の利益が一時に生じたことに対する課税の緩和措置である。

(1) 土地建物等に係る譲渡所得の特例

土地建物等を譲渡した場合には，その譲渡所得は，その他の所得と総合しないで分離課税となる。

分離課税とされる譲渡所得もその資産の所有期間によって長期と短期に区分される。

① 長期譲渡所得……譲渡のあった年の1月1日において所有期間が5年を超える土地等，建物等に係る譲渡所得。（適用税率，原則15.315％＋住民税5％）

② 短期譲渡所得……譲渡のあった年の1月1日において所有期間が5年以下の土地等，建物等に係る譲渡所得。（適用税率，原則30.63％＋住民税9％）

(2) 保証債務を履行するための土地建物の譲渡

　　保証債務を履行するために土地建物などを売った場合には，所得がなかったものとする。

> **(参考)** 保証債務の履行とは，本来の債務者が債務を弁済しないときに保証人などが肩代りをして，その債務を弁済することをいう。
> 　(イ) 保証人，連帯保証人として債務を弁済した場合
> 　(ロ) 連帯債務者として他の連帯債務者の債務を弁済した場合
> 　(ハ) 身元保証人として債務を弁済した場合
> 　(ニ) 他人の債務を担保するために，抵当権などを設定した人がその債務を弁済したり，抵当権などを実行された場合

① 特例の適用を受けるための要件

　　次の要件を満たすこと。

　(イ) 本来の債務者が既に債務を弁済できない状態であるときに，債務の保証をしたものでないこと。

　(ロ) 保証債務を履行するために土地建物などを売っていること。

　(ハ) 履行をした保証債務の全額または一部の金額が，本来の債務者から回収できなくなったこと。

> **(参考)** (ハ)の回収できなくなったこととは，本来の債務者が資力を失っているなど，債務の弁済能力がないため，将来的にも回収できない場合をいう。

② 所得がなかったものとされる金額

　　所得がなかったものとする部分の金額は，次のいずれか低い金額である。

　(イ) 肩代りをした債務のうち，回収できなくなった金額

　(ロ) 保証債務を履行した人のその年の総所得金額等の合計額

　(ハ) 売った土地建物などの譲渡益の額

(3) 非課税となる譲渡資産

　　次のような譲渡による所得は非課税とされる。

① 生活用動産（自己又はその配偶者その他の親族が生活の用に供する貴石（宝石），貴金属，書画，骨董（こっとう）品その他一定の生活に通常必要な動産のうち，1個又は1組の価額が30万円を超えるものを除く）の譲渡による所得

② 国又は地方公共団体に対して財産を寄付することによる所得

③ 国等に対して重要文化財を譲渡したことによる所得

④ 資力を喪失し債務弁済が著しく困難な場合における次に係る所得

　・競売の実行や破産手続等の強制換価手続により資産を譲渡した場合

　・強制換価が不可避のため資産を譲渡し，その対価を債務弁済に当てた場合

(4) 譲渡代金が回収不能となった場合の所得計算

① 譲渡代金の全部または一部が回収できない場合

　　当該部分に係る所得がなかったものとされる。

② 譲渡がなかったものとみなされる金額は，次のうちいずれか低い金額

　(イ) 回収不能額

　(ロ) 回収不能が生じなかったとした場合の，総所得金額，譲渡所得の金額等の合計額

　(ハ) 回収不能が生じなかったとした場合の，譲渡所得の金額

[3] 取得費

(1) 取得費

　　資産の取得価額（自己製作の資産については，材料費・労務費・経費，必要経費に算入されて

いない公租公課などの合計額）から償却費相当額を差引いて計算する。
(2)　償却費相当額
　　①　事業用資産（定額法採用の場合）
　　　　　譲渡資産の取得価額×譲渡資産の耐用年数に応ずる償却率×経過年数＝償却費相当額
　　②　非事業用資産
　　　　　譲渡資産の取得価額×譲渡資産の耐用年数の1.5倍に応ずる定額法の償却率*1
　　　　　×経過年数*2＝償却費相当

- -

＊1　1年未満の端数切捨
＊2　経過年数に1年未満の端数がある場合には，6ヶ月以上は切上，6ヶ月未満は切捨処理。
(注) 平成19年3月31日までに取得した資産については，旧定額法を採用する。

(3)　概算取得費控除の特例
　　　　取得費が不明な場合には，譲渡価額の5%相当額を取得費として採用することができる。
(4)　相続財産を譲渡した場合の取得費加算の特例
　　　相続または遺贈により取得した土地，建物，株式などの財産を，一定期間内に譲渡した場合に，相続税額のうち一定金額を譲渡資産の取得費に加算することができる。
　　①　特例の適用を受けるための要件
　　㈠　相続や遺贈により財産を取得した者であること。
　　㈡　その財産を取得した人に相続税が課税されていること。
　　㈢　その財産を，相続開始のあった日の翌日から相続税の申告期限の翌日以後3年を経過する日までに譲渡していること。
　　②　計算式
　　　取得費に加算する相続税額は，次の算式で計算した金額とする。
　　　＜算式＞

$$\text{その者の相続税額} \times \frac{\text{その者の相続税の課税価格の計算の基礎とされたその譲渡した財産の相続税評価額}}{\text{その者の取得財産の価額} + \text{その者の相続時精算課税適用財産の価額} + \text{その者の純資産価額に加算される暦年課税分の贈与財産の価額}}$$

$$= \text{取得費に加算する相続税額}$$

　　　ただし，その金額がこの特例を適用しないで計算した譲渡益（土地，建物，株式などを売った金額から取得費，譲渡費用を差し引いて計算する。）の金額を超える場合は，その譲渡益相当額となる。なお，譲渡した財産ごとに計算する。

[4] 譲渡費用
　譲渡費用とは，土地や建物を売るために直接かかった費用のこと。
　譲渡費用の主なものは，次のとおりである。
①　土地や建物を売るために支払った仲介手数料
②　印紙税で売主が負担したもの
③　貸家を売るため，借家人に家屋を明け渡してもらうときに支払う立退料
④　土地などを売るためにその上の建物を取り壊したときの取壊し費用とその建物の損失額
⑤　既に売買契約を締結している資産をさらに有利な条件で売るために支払った違約金
⑥　借地権を売るときに地主の承諾をもらうために支払った名義書換料など

（参考） 修繕費や固定資産税などその資産の維持や管理のためにかかった費用，売った代金の取立てのための費用などは，譲渡費用にはならない。

［5］特別控除

(1) 居住用財産を譲渡した場合の3,000万円控除

居住用財産を譲渡したときは，所有期間の長短に関係なく，譲渡所得から最高3,000万円まで控除ができる特例がある。

① 現に居住の用に供している家屋またはその敷地

② 特定の家屋またはその敷地で，居住しなくなった日から3年を経過する年の12月31日までに譲渡したもの等

（参考） この特例を受ける目的のみで入居した家屋，主たる居住用家屋でない家屋などは，本特例の対象外となる。

(2) 空き家の3,000万円控除

相続または遺贈により取得した被相続人居住用家屋または被相続人居住用家屋の敷地等を，平成28年4月1日から令和9年12月31日までの間に譲渡し，一定の要件に当てはまるときは，譲渡所得の金額から最高3,000万円[*1]まで控除することができる。

- -
＊1　令和6年1月1日以後に行う譲渡で，被相続人居住用家屋および被相続人居住用家屋の敷地等を，相続または遺贈により取得した相続人の数が3人以上である場合は，2,000万円までとなる。

(3) 収用等の場合の課税の特例

土地収用法やその他の法律で収用権が認められている公共事業のために土地建物を譲渡した場合には，次のいずれかの課税の特例が受けられる。

① 代替資産を取得した場合の課税の特例

② 収用等につき，最大5,000万円の特別控除

例題

居住者甲は令和6年中に次の資産を譲渡している。同年分の譲渡所得の金額を計算しなさい。なお，譲渡価額は譲渡時の時価相当額である。また，土地A及びBの譲渡は一般の譲渡であり，軽減税率が適用されるものではない。

(1) 書画（取得日：令和3年6月25日，譲渡日：本年2月23日）

　① 取得価額　1,100,000円　② 譲渡費用　100,000円　③ 譲渡価額　1,500,000円

(2) 土地A（取得日：平成21年10月12日，譲渡日：本年5月7日）

　① 取得価額　19,000,000円　② 譲渡費用　1,000,000円　③ 譲渡価額　28,000,000円

(3) 土地B（取得日：令和3年8月23日，譲渡日：本年9月10日）

　① 取得価額　7,000,000円　② 譲渡費用　400,000円　③ 譲渡価額　9,000,000円

(4) 絵画（取得日：平成14年3月7日，譲渡日：本年11月11日）

　① 取得価額　3,800,000円　② 譲渡費用　200,000円　③ 譲渡価額　5,000,000円

1．土地B（分離短期）

9,000,000円 － (7,000,000円 ＋ 400,000円) ＝ 1,600,000円

2．書画（総合短期）

① 総収入金額　1,500,000円

② 取　得　費　1,100,000円

③　譲 渡 費 用　　100,000円

④　特別控除額　　300,000円

①－（②＋③）＝300,000円＜500,000円　∴300,000円

⑤　所得の金額

①－（②＋③）－④＝0円

3．土地A（分離長期）

28,000,000円－（19,000,000円＋1,000,000円）＝8,000,000円

4．絵画（総合長期）

①　総収入金額　5,000,000円

②　取 得 費　3,800,000円

③　譲 渡 費 用　　200,000円

④　特別控除額　　200,000円

①－（②＋③）＝1,000,000円≧500,000－300,000円＝200,000円　∴200,000円

⑤　所得の金額

①－（②＋③）－④＝800,000円

［6］固定資産の交換の場合の譲渡所得の特例

　個人が，土地や建物，船舶，機械装置等の固定資産を相手が1年以上所有していた同じ種類の固定資産（交換のために取得されたものを除く。）と交換し，直前の用途と同様の用途に供したときは，譲渡がなかったものとする特例があり，これを固定資産の交換の場合の譲渡所得の特例という。

1．適用の判定

　交換の時における取得資産の価額と譲渡資産の価額との差額が，これらの価額のうちいずれか多い価額の20％以下である場合にこの規定の適用がある。

2．譲渡資産の価額が取得資産の価額を超える場合の譲渡所得の金額の計算

①　総収入金額

交換譲渡資産の価額…A

交換取得資産の価額…B

A－B＝C

（参考）交換によって得た純粋な価値を計算している。

②　取得費及び譲渡費用

交換譲渡資産の取得費及び譲渡費用 × $\{ \dfrac{C}{(B＋C)} \}$ ＝ D

（参考）交換によって得た純粋な価値に対応する交換譲渡資産の取得費及び譲渡費用を計算している。

③　譲渡所得の金額

C－D

3．交換譲渡資産の価額が交換取得資産の価額以下の場合の譲渡所得の金額の計算

A－B　≦　0　∴譲渡所得は発生しない。

［7］特定の居住用財産の買換え及び交換の場合の特例

（1）買換えの特例

　個人が，平成5年4月1日から令和7年12月31日までの間に，その年1月1日において所有期間が10年を超える居住用の家屋やその敷地等で，その者の居住期間が10年以上であるもの（譲渡資産）の譲渡（その譲渡に係る対価の額が1億円以下のものに限る。）をした場合に

おいて，その譲渡の日の属する年の前年1月1日からその譲渡の日の属する年の12月31日までの間に，その個人の居住の用に供する家屋又はその敷地等で国内にある一定のもの（買換資産）の取得をし，かつ，その取得の日からその譲渡の日の属する年の翌年12月31日までの間にその個人の居住の用に供したとき（見込みを含む）は，譲渡所得の課税について，譲渡がなかったものとして取得価額の引継ぎによる課税の繰延べの特例が認められている。

    ① 譲渡資産の価額が取得資産の価額を超える場合の譲渡所得の金額の計算

      イ．総収入金額

        譲渡資産の譲渡価額…A

        取得資産の取得価額…B

        $A - B = C$

      ロ．取得費及び譲渡費用

        譲渡資産の取得費及び譲渡費用 $\times \left\{ \dfrac{C}{B + C} \right\} = D$

      ハ．譲渡所得の金額

        $C - D$

    ② 譲渡資産の譲渡価額が取得資産の価額以下の場合の譲渡所得の金額の計算

        $A - B \leqq 0$ ∴譲渡所得は発生しない。

(2) 交換の特例

  個人が買換え特例の譲渡資産に該当するもの（交換譲渡資産）とこの特例の買換資産に該当するもの（交換取得資産）とを交換した場合においては，交換譲渡資産を(1)の特例の譲渡資産とし，また，交換取得資産を(1)の特例の買換資産として，それぞれその交換の日におけるこれらの資産の価額により譲渡又は取得があったものとして(1)の特例が適用される。

  なお，交換譲渡資産と交換取得資産の差額を補うために授受される交換差金（交換取得資産に該当しない他の資産と交換した場合に取得した交換差金を含む。）で買換資産を取得する場合についても，(1)の特例が適用される。なお，譲渡所得の計算は，上記と同様である。

[8] 国外転出時課税制度

1．国外転出時課税制度

  国外転出をする居住者が，その国外転出の時において有価証券等を有する場合には，その者の事業所得の金額，譲渡所得の金額又は雑所得の金額の計算については，その国外転出の時に，以下の金額により，当該有価証券等の譲渡があったものとみなす。ただし，国外転出をする時に有している有価証券等の当該国外転出をする時における一定の時価が1億円未満である居住者又は当該国外転出をする日前10年以内に国内に住所若しくは居所を有していた期間の合計が5年以下である居住者については適用しない。なお，国外提出後5年経過日までに帰国し，その有価証券等を引き続き保有している場合には，更正の請求により課税の取り消しが可能である。

    ① 納税管理人を届け出た場合…国外転出時の有価証券等の価額

    ② 上記以外…国外転出予定日の3か月前の有価証券等の価額

2．納税猶予

  上記特例による所得税は，国外転出時までに納税管理人の届出をし，担保提供することにより一定期間，納税が猶予される。

[9] 有価証券譲渡課税

　株式等の譲渡による事業所得の金額，譲渡所得の金額及び雑所得の金額は，「上場株式等に係る譲渡所得の金額」と「一般株式等に係る譲渡所得の金額」に区分し，他の所得の金額と区分して税額を計算する申告分離課税により計算をする。

(1) 譲渡所得等（譲渡益）の計算方法

① 上場株式等に係る譲渡所得等（譲渡益）の金額の計算方法

　　総収入金額（譲渡価額）－必要経費（取得費＋委託手数料，借入金利子等）

② 一般株式等に係る譲渡所得等（譲渡益）の金額の計算方法

　　総収入金額（譲渡価額）－必要経費（取得費＋委託手数料，借入金利子等）

> **(注1)** 上場株式等に係る譲渡損失の金額と一般株式等に係る譲渡所得等を通算することはできない。
> **(注2)** 総収入金額（譲渡価額）には，償還，解約により交付を受ける金銭等の額を含む。

(2) 適用税率　15.315%（住民税5%）

(3) 一般株式等に係る譲渡所得等の収入金額とみなされる金額

　一般株式等を有する居住者等が，当該一般株式等につき，その株式等の発行法人が行う自己株式の取得などにより金銭の交付を受けた場合には，その交付を受けた金銭等のうち，配当とみなされるもの以外については，一般株式等に係る譲渡所得等に係る収入金額とみなして，譲渡所得等を計算する。

(4) 相続等による非上場の株式等をその発行会社に譲渡した場合の課税の特例

　相続等により取得した株式を取得した者で，当該相続等につき納付すべき相続税額があるものが，その相続税の申告期限の翌日から3年以内に，その発行会社である非上場会社へ譲渡した場合には，みなし配当課税を行わず，譲渡所得等の申告分離課税が適用される。

(5) 上場株式等の損益通算

株式等の譲渡損益の通算は次の順序により行う。

① 上場株式等の損益を通算

② 特定公社債等の損益を通算

③ 上記①及び②を通算

(6) 特定口座内で行われる上場株式等と配当所得の損益通算

　特定口座内の上場株式等の譲渡損益は，その口座内において自動的に通算される。また，その特定口座内に受け入れた上場株式等の配当等について，上場株式等の譲渡損失がある場合には，特定口座内で内部通算されることとなる。

(7) 一般株式等の譲渡損失の通算及び繰越

　一般株式等同士の損益通算は可能であるが，他の利子等や配当等との損益通算や，上場株式等との損益通算は行うことができない。また，一般株式等の通算により発生した通算後の損失について，繰越控除することはできない。

例題

居住者乙は，令和6年8月19日に土地の交換を行っている。この交換に関する次の資料に基づき，所得税法58条《固定資産の交換の場合の譲渡所得の特例》の適用を受ける場合の譲渡所得の金額を計算しなさい。

＜資料＞

1．交換により譲渡した土地は，乙が平成26年6月6日に取得したもので，取得費相当額は48,000,000円，交換時の価額（時価）は60,000,000円である。

2．交換により取得した土地は，交換の相手方が数年前に取得したものであり，交換時の価額（時価）は55,000,000円である。なお，相手方はこの土地を交換目的で取得したものではない。

3．この交換に際し，乙は，交換した土地の価額の差額として5,000,000円を受け取っている。

4．乙は，譲渡費用として2,100,000円を支出している。

5．乙は，交換により取得した土地を，交換により譲渡した土地の譲渡直前の用途と同一の用途に供している。

1．交換の特例適用判定

$(60,000,000円 － 55,000,000円 ＝ 5,000,000円) ≦ 60,000,000円 × 20\% ＝ 12,000,000円$

∴適用あり

2．総収入金額

$60,000,000円 － 55,000,000円 ＝ 5,000,000円$

3．取得費及び譲渡費用

$(48,000,000円 ＋ 2,100,000円) × \{ \dfrac{5,000,000円}{(55,000,000円 ＋ 5,000,000円)} \} ＝ 4,175,000円$

4　譲渡所得の金額

$5,000,000円 － 3. ＝ 825,000円$

9 一時所得

[1] 意　義

一時所得とは，利子所得，配当所得，不動産所得，事業所得，給与所得，退職所得，山林所得及び譲渡所得以外の所得のうち，営利を目的とする継続的行為から生じた所得以外の一時の所得で，労務その他の役務又は資産の譲渡の対価としての性質を有しないものをいう。

[2] 所得の金額

> 一時所得の金額＝総収入金額－収入を得るために支出した費用－特別控除額

収入金額は原則として時価で計算するが，広告宣伝の賞品等で現金で受け取ることができないものは，賞品の小売価額の60％を収入金額とする。

特別控除額は最高50万円である。

一時所得は，総合課税の長期譲渡所得と同様に所得の金額の2分の1が総所得金額に算入される。

○ 一時所得の例

一時所得に該当するものには次のようなものがある。

① クイズ等の賞金，懸賞の賞金品，福引の当せん金品
② 生命保険契約に基づく一時金，損害保険契約に基づく満期返戻金等（掛金自己負担のものに限る）
③ 競馬，競輪の払戻金
④ 法人からの贈与（一定のものを除く。）
⑤ 遺失物拾得による所得
⑥ 売買契約の解除による手付金
⑦ 業務用資産を保険目的とする長期損害保険契約の満期返戻金

なお，宝くじ当せん金品や相続税・贈与税の対象となる所得など，非課税となる所得もある。

⑧ いわゆる，ふるさと納税の返礼品による収入

（注1） 長期損害保険契約とは，保険期間が3年以上，かつ満期返戻金がある保険契約

（注2） 一時所得の計算上控除する支払保険金は，積立保険料部分の金額に限られる。

（注3） 長期損害保険契約に係る積立保険料部分は，保険期間満了時まで資産計上し，その他の部分の金額は，その業務及び期間の経過に応じて，必要経費に算入する。

（注4） 損害保険金の非課税…損害保険金を取得した場合に，固定資産などの損失の補填として受けるものは，非課税とされるが，商品の損失の補填としてのものは，課税対象となる。この場合には，その業務に応じて例えば事業所得の総収入金額に算入する。

10 雑所得

[1] 意　義

　雑所得とは，利子所得，配当所得，不動産所得，事業所得，給与所得，退職所得，山林所得，譲渡所得及び一時所得のいずれにも該当しない所得をいう。

> **(注)** ①事業所得と雑所得または山林所得と雑所得を区分するときの判断の基準は，その収入によって生計をたてているかどうかによる。
> ②いわゆる民泊を行うことにより受ける所得（事業と称するには至らない程度の規模のもの）は雑所得に該当する。

[2] 所得の金額

(1)　次の金額の合計額

　①　公的年金等に係る雑所得の金額

　　公的年金等は雑所得として課税され，その公的年金等に係る所得の金額は，その年中の公的年金等に係る収入金額から公的年金等控除額を控除した残額となる。

収入金額 － 公的年金等控除額

収入金額（A）			公的年金等控除額		
			年金以外所得≦ 1,000万円	1,000万円＜年金以外所得≦2,000万円	年金以外所得 ＞2,000万円
65歳未満		130万円以下	60万円	50万円	40万円
	130万円超	410万円以下	A×0.25＋27.5	A×0.25＋17.5	A×0.25＋7.5
	410万円超	770万円以下	A×0.15＋68.5	A×0.15＋58.5	A×0.15＋48.5
	770万円超	1,000万円以下	A×0.05＋145.5	A×0.05＋135.5	A×0.05＋125.5
	1,000万円超		195.5万円（上限）	185.5万円（上限）	175.5万円（上限）
65歳以上(注)		330万円以下	110万円	100万円	90万円
	330万円超	410万円以下	A×0.25＋27.5	A×0.25＋17.5	A×0.25＋7.5
	410万円超	770万円以下	A×0.15＋68.5	A×0.15＋58.5	A×0.15＋48.5
	770万円超	1,000万円以下	A×0.05＋145.5	A×0.05＋135.5	A×0.05＋125.5
	1,000万円超		195.5万円（上限）	185.5万円	175.5万円

　②　①以外の雑所得の金額＝総収入金額 － 必要経費

(2)　必要経費について

　　雑所得の金額を計算する上で必要経費に算入できる金額は，その収入に係る売上原価などのその収入を得るために直接要した費用として，次の経費が，雑所得の金額の計算上必要経費に算入される。

　①　山林の取得に要した費用，管理・育成費用及び伐採・譲渡費用

　②　特許権の使用に係る経費

　③　生命保険契約に基づく年金に係る経費

　　その年に支払を受ける年金×（$\frac{支払保険料総額}{年金支給総額}$，小数点３位以下切上）

　④　友人に対する貸付金元本の回収不能額は，この規定適用前の雑所得の金額を限度として雑所得の金額の計算上必要経費に算入する。なお，貸付金の利息の回収不能額については，次に掲げる金額のうち，最も少ない金額を，その収入が生じた年分（本問では令和２年分）

の雑所得の金額の計算上，なかったものとみなすこととされている。

- ㋐　回収不能額
- ㋑　その年分の課税標準額の合計額
- ㋒　その年分の雑所得の金額

○ 雑所得の例

雑所得に該当するものには次のようなものがある。

①　原稿料，印税，講演料等いずれも作家など専門家が受けるもの（事業所得）以外のもの

②　非営業貸金の利子，郵便年金，生命保険年金，学校債や組合債の利子

③　定期積金又は相互掛金の給付補てん金

④　競走馬の保有に係る所得

⑤　公社債の償還差益又は発行差金

⑥　国税又は地方税に係る還付加算金（本税の還付額は対象外）

⑦　工業所有権（特許権等）の使用料（事業所得に該当するものを除く）

⑧　公的年金等……年金（過去の勤務に基づき使用者であった者から支給されるものに限る），恩給（一時恩給を除く），老齢基礎年金，老齢厚生年金等

⑨　人格のない社団等から受けた収益分配金

（参考）　還付加算金とは，国税通則法第 58 条第 1 項に規定する還付加算金をいう。

［3］所得金額調整控除（給与所得と公的年金等の所得を有する者）

給与所得と公的年金等に係る雑所得を有する者で，その合計額が 10 万円を超える者は，次の金額を給与所得から控除する。ただし，子ども・特別障害者等を有する者等の所得金額調整控除額がある場合には，その金額を控除した残額から控除する。

①　給与所得控除後の給与等の金額（10 万円超の場合は 10 万円）

②　公的年金等に係る雑所得の金額（10 万円超の場合は 10 万円）

③　①＋②－ 10 万円＝控除すべき金額

例題

居住者甲に関する令和6年における次の資料に基づき，同年分の雑所得の金額を計算しなさい。

＜資料＞

1. 甲は，人格のない社団等からの収益分配金30,000円の支払を受けた。

2. 甲は令和2年12月に2,300,000円で取得した山林を令和6年3月に3,300,000円で譲渡している。この山林の管理・育成費用は520,000円，伐採・譲渡費用は80,000円であった。なお，甲の山林経営は事業と称するには至らない程度の規模である。

3. 甲は友人に400,000円を貸し付けていたが，令和6年初頭においてその貸付金元本及び令和5年分の利息18,000円（当該利息は，令和5年分の雑所得の金額の計算上総収入金額に算入されている。）が回収不能となっている。

4. 甲は，競馬の馬券の払戻金1,000,000円の支払を受けている。

    なお，この馬券の購入費は120,000円である。

5. 甲は，自ら取得した特許権を使用させたこと（事業と称するには至らない程度の規模である。）によって，448,950円を受け取っている。この金額は源泉徴収税額51,050円（復興特別所得税を含む。）が控除された金額である。なお，この収入に係る必要経費は100,000円である。

6. 甲は，生命保険契約に基づく年金420,000円（源泉徴収された税額はない。）を受け取っている。この年金の支給総額は6,300,000円であり，甲が負担した保険料の総額は5,248,000円である。なお，生命保険契約期間中の剰余金の分配はなかった。

1．総収入金額

$30,000円 + 3,300,000円 + (448,950円 + 51,050円 = 500,000円) + 420,000円 = 4,250,000円$

> 〔解説〕 次の収入が，雑所得の金額の計算上総収入金額に算入される。
> ① 人格のない社団等からの収益分配金
> ② 事業から生じたと認められない保有期間が5年以内の山林の譲渡
> ③ 事業から生じたと認められない特許権の使用料
> ④ 生命保険契約に基づく年金
> なお，競馬の馬券の払戻金は，一時所得とされる。

2．必要経費

(1) (2)以外の必要経費

$(2,300,000円 + 520,000円 + 80,000円 = 2,900,000円) + 100,000円 + 352,800円^{(*)} = 3,352,800円$

$(*)\ 420,000円 \times \{\dfrac{5,248,000円}{6,300,000円} = 0.84(小数点以下3位以下切上)\} = 352,800円$

(2) 貸倒損失

$400,000円 < (4,250,000円 - 3,352,800円 = 897,200円)\ \ \therefore 400,000円$

> 〔解説〕 友人に対する貸付金で回収不能となった元本相当額は，雑所得の金額を限度に必要経費に算入される。

(3) (1) + (2) = 3,752,800円

3．雑所得の金額

1．- 2．= 497,200円

　納税者に対して課する所得税の課税標準は，総所得金額，退職所得金額及び山林所得金額とされている。所得税は，総合課税を建前としているが，課税を緩和するために退職所得と山林所得は個別に課税され，総所得金額とは区別される。

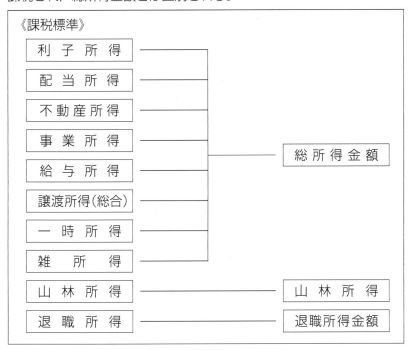

　なお，これらの課税標準の金額を算定するには，さらに二つの計算過程がある。一つは10種類の所得の金額の計算上損失が生じている場合の処理（損益通算）であり，もう一つは前年以前に損失が生じている場合の処理（純損失の繰越控除・雑損失の繰越控除）である。

> **(注)** 表以外の課税標準として分離課税される「上場株式等に係る配当所得の金額」，「土地等に係る事業所得等の金額」，「短期譲渡の所得金額」，「長期譲渡所得の金額」，「株式等に係る譲渡所得等の金額」及び「先物取引に係る雑所得等の金額」がある。
> なお，「上場株式等に係る配当所得の金額」，「土地等に係る事業所得等の金額」，「先物取引に係る雑所得等の金額」については，以後記載を省略する。

1 損益通算

　課税標準を計算する場合において，不動産所得の金額，事業所得の金額，山林所得の金額又は譲渡所得の金額の計算上生じた損失の金額があるときは，所定の順序により，これを他の各種所得の金額から控除することを損益通算という。

　(1) 損益通算の対象とならないもの

　　利子所得，給与所得，退職所得は，これらの所得の金額の計算の性質上損失は生じない。また次の損失については，損益通算の対象とされないものとされている。

> ① 配当所得の損失
> ② 一時所得の損失
> ③ 雑所得の損失
> ④ 生活に通常必要でない資産に係わる譲渡所得の損失*1
> ⑤ 非課税所得とされている所得の金額の計算上生じた損失

したがって，損益通算の対象となる損失は次の所得の金額の計算上生じたものに限られる。
①不動産所得　②事業所得　③山林所得　④譲渡所得（一定のものを除く）

(2) 損益通算の順序*2

総所得金額を次の2つのグループに区分する。

a　第1グループ……利子所得の金額，配当所得の金額，不動産所得の金額，事業所得の金額，給与所得の金額，雑所得の金額

b　第2グループ……譲渡所得の金額，一時所得の金額

① 不動産所得の損失，事業所得の損失は第1グループで，譲渡所得の損失は第2グループで損益通算する。

② 第1グループの赤字は，第2グループ，山林所得の金額，退職所得の金額の順に損益通算する。

③ 第2グループの赤字は，第1グループ，山林所得の金額，退職所得の金額の順に損益通算する。

④ 山林所得の損失は，第1グループ，第2グループ，退職所得の金額の順に損益通算する。

なお，これらの通算をしても控除しきれない損失の金額を「純損失の金額」という。また，損益通算後の総所得金額，短期・長期譲渡所得金額，退職所得金額，山林所得金額の合計金額を「合計所得金額」という。

＊1　「生活に通常必要でない資産」とは，①競走馬（事業用資産に該当するものを除く。）等射こう的行為の手段となる動産。②非居住用の家屋すなわち別荘などの不動産。③1個又は1組の価額が30万円超の貴金属等，書画，こっとう，美術工芸品をいう。

＊2　譲渡所得で短期と長期がある場合及び分離課税の譲渡所得等についての説明は省略する。

2 純損失の繰越控除

(1) 青色申告者の場合

純損失が生じた年分の所得税について青色申告書をその提出期限までに提出し，その後も連続して確定申告書を提出している場合に限り，その純損失が生じた年分の翌年から3年間，損益通算後の総所得金額，短期・長期譲渡所得金額，退職所得金額，山林所得金額（以下「総所得金額等」という。）から所定の順序により，純損失の繰越控除をすることができる。

(2) 白色申告者の場合

純損失の金額のうち，①変動所得の損失又は②被災事業用資産の損失（注）があるときは，その純損失が生じた年分の所得税について確定申告書をその提出期限までに提出し，その後も連続して確定申告書を提出している場合に限り，その純損失が生じた年分の翌年から3年間，損益通算後の総所得金額等から所定の順序により，純損失の繰越控除をすることができる。

> **(注)** 棚卸資産，事業用固定資産，事業に係る繰延資産又は山林の災害による損失の金額。

３ 雑損失の繰越控除

次章で述べる雑損失の金額のうち控除しきれない金額があるときは，その損失の生じた年の翌年から３年間，損益通算後の総所得金額等から所定の順序により，雑損失の繰越控除をすることができる。

《課税標準》
① 総所得金額
② 退職所得金額
③ 山林所得金額
上記以外のもので租税等特別措置法の規定によるもの。
④ 株式等に係る事業・譲渡・雑所得
⑤ 短期譲渡所得金額
⑥ 長期譲渡所得金額

> **(注)** 雑損失の金額とは，雑損控除（次ページ参照）の対象となる損失の金額が，控除限度額を超える場合におけるその超える部分の金額をいう。

４ 上場株式等に係る譲渡損失の損益通算及び繰越控除

上場株式等に係る譲渡損失の金額は，その年分の上場株式等の配当等に係る利子所得の金額および配当所得の金額（申告分離課税を選択したものに限る。以下「上場株式等に係る配当所得等の金額」という。）と損益通算することができる。

また，損益通算してもなお控除しきれない損失の金額については，その年分の翌年以後３年間にわたり，上場株式等に係る譲渡所得等の金額および上場株式等に係る配当所得等の金額から繰越控除することができる。

５ 先物取引の差金等決済に係る損失の繰越控除

先物取引に係る雑所得等の金額の計算上生じた損失がある場合に，その損失の金額を翌年以後３年間にわたり繰り越し，その繰り越された年分の先物取引に係る雑所得等の金額を限度として，一定の方法により，先物取引に係る雑所得等の金額の計算上その損失の金額を控除することができる。先物取引の差金等決済に係る損失の繰越控除は，次の順序により行う。

⑴ 先物取引の差金等決済に係る損失の金額が前年以前３年以内の２以上の年分に生じたものである場合には，これらの年のうち最も古い年分に生じた先物取引の差金等決済に係る損失の金額から順次控除する。

⑵ 雑損失の繰越控除を行う場合には，まず，先物取引の差金等決済に係る損失の繰越控除を行った後，雑損失の繰越控除を行う。

6 居住用財産の買換え等の場合の譲渡損失の損益通算及び繰越控除の特例

⑴ 個人が令和 7 年 12 月 31 日までに長期譲渡所得に該当する居住用財産の譲渡を行い，住宅借入金等*1 を利用して居住用財産を取得し生じた譲渡損失がある場合には，給与所得や事業所得などと損益通算することができる。また，損益通算しても，なお控除しきれない損失については，譲渡年の翌年以後 3 年間，繰越控除することができる。

＊1 住宅借入金等とは，金融機関等から，住宅の用に供する家屋またはその敷地等の取得のために借入れたもので，償還期間が 10 年以上，かつ，割賦償還の方法により返済するものなどをいう。

（参考）繰越控除の適用年は合計所得金額 3,000 万円以下であること

⑵ 対象となる居住用の譲渡資産
　① 居住の用に供していた家屋またはその敷地
　② 特定の家屋又は敷地で，居住しなくなった日から 3 年を経過する年の 12 月 31 日までに譲渡したもの

⑶ 対象となる買換資産
　① 譲渡の年の前年の 1 月 1 日から売却の年の翌年 12 月 31 日までの間に日本国内にある家屋の床面積が 50 平方メートル以上であるものを取得すること。
　② 買換資産を取得した年の翌年 12 月 31 日までの間に居住の用に供すること，または供する見込みであること。
　③ 買換資産を取得した年の 12 月 31 日において買換資産にかかる住宅借入金等を有すること。

第 **4** 章 所得控除

　所得税は前章において算出された課税標準額にそのまま税率を乗ずるのではなく，さらに個人的事情に基づく担税力の差に着目して，次の所得控除が行われる。

《所得控除》
① 生活費保障目的………………………配偶者控除，配偶者特別控除，扶養控除，基礎控除
② 人的事情の考慮を目的………………雑損控除，医療費控除，障害者控除，寡婦(ひとり親)
　　　　　　　　　　　　　　　　　　　控除，勤労学生控除
③ 社会政策目的又は経済政策目的……社会保険料控除，小規模企業共済等掛金控除，寄付金
　　　　　　　　　　　　　　　　　　　控除，生命保険料控除，地震保険料控除

1 雑損控除

　本人又は一定の親族が所有する生活に通常必要な資産について，災害又は盗難若しくは横領により，損害を受けた場合には，一定の金額の所得控除を受けることができる。これを雑損控除という。なお，控除しきれない金額は，翌年以降3年間繰り越すことができる。（雑損失の繰越控除）

(1) 対象となる資産……納税者又は納税者と生計を一にする配偶者その他の親族（総所得金額等*1
　　　　　　　　　　　が基礎控除相当額（48万円）以下の者）の有する資産*2
(2) 対象となる損失……災害，盗難，横領により生じた損失（詐欺による損失は認められない）
(3) 控除額
① その年中の損失の金額に含まれる災害関連支出が5万円以下の場合
　その年中の損失の金額 − 総所得金額等の合計額 × 10%
② その年中の損失の金額に含まれる災害関連支出が5万円超の場合
　次のⒶとⒷのいずれか多い金額
　　Ⓐ その年中の損失額 − 総所得金額等の合計額 × 10%
　　Ⓑ 災害関連支出 − 50,000

　なお，損失の金額には，災害，盗難，横領に直接関連して支出した金額が含まれ災害関連支出とは，このうち災害に直接関連して支出した金額（災害により滅失した住宅，家財などを取壊しまたは除去するために支出した金額など）をいう。

> **(注)** 被災等資産の被災等直前の原価又は価額（時価）のうち，いずれか多い金額を基にその年中の損失の金額を計算する。

＊1 総所得金額等とは，
　　① 利子所得，配当所得，不動産所得，事業所得，給与所得，総合短期譲渡所得，雑所得の合計額（損益通算後の金額）
　　② 総合長期譲渡所得と一時所得の合計額（損益通算後の金額）の2分の1の金額
　　③ ①＋②＋退職所得金額＋山林所得金額
　　　ただし，申告分離課税による所得金額（特別控除前）がある場合はその金額を加算した金額とし，純損失や雑損失の繰越控除等を受けている場合には，その適用後の金額をいう。
＊2 「事業用資産」と「生活に通常必要でない資産」を除く。
＊3 損失の金額は原則としてその資産の時価で計算し，その損失により保険会社等から受ける保険金等（災害などに関して受け取った保険金や損害賠償金など）があるときは，保険金等の金額を控除した金額（保険金等の額が損害の金額を超える場合には，災害関連支出などの金額から差し引く。）となる。

> **(参考)** 災害とは，震災，風水害，火災その他政令で定める災害をいう。

> **例題**
>
> 次の資料に基づき，本年の火災により焼失した居住用家屋及び家財に係る雑損控除額を計算しなさい。
>
> ＜資料＞
>
> 1．住宅の損失額
>   (1) 損失発生直前の住宅の時価　20,000,000円
>   (2) 保険会社から受け取った保険金　18,000,000円
>
> 2．家財の損失額
>   (1) 損失発生直前の家財の時価　3,000,000円
>   (2) 保険会社から受け取った保険金　2,500,000円
>
> 3．上記住宅及び家財の取壊し及び除却のための費用として500,000円を支出している。
>
> 4．本年分の課税標準の合計額は11,850,000円である。

1．損失の額

　(20,000,000円 － 18,000,000円) ＋ (3,000,000円 － 2,500,000円) ＋ 500,000円 ＝ 3,000,000円

2．雑損控除額

　(1) 1．－ 11,850,000円 × 10% ＝ 1,815,000円

　(2) 500,000円 － 50,000円 ＝ 450,000円

　(3) (1) ＞ (2)　∴　1,815,000円

2 医療費控除

(1) 医療費控除（原則）

　① 対象となる医療費………納税者又は生計を一にする配偶者その他の親族のための医療費で，その年において実際に支払った金額（未払となっている医療費は現実に支払われるまで対象外）

　② 対象とならないもの……美容整形，健康増進，疾病予防，健康診断のための人間ドック（重大な疾病が発見されたときは除く。）のために支出した金額

> **(注)** 医療費とは，医師又は歯科医師による治療や，その治療に必要と認められる医療品の購入，又はこれらに関連する人的役務の提供の対価のうち，通常必要と認められるものをいう。

　③ 控除額（最高200万円）

$$\left(\begin{array}{c} 医療費 \\ 支出費 \end{array} - \begin{array}{c} 保険金等の補て \\ んされる金額 \end{array} \right) - \left(\begin{array}{c} 総所得金額等の合計額×5\% \\ 10万円 \end{array} \right) いずれか少ない金額$$

(2) セルフメディケーション税制（特例）

　適切な健康管理の下で，平成29年1月1日から令和8年12月31日までの間に納税者又は生計を一にする配偶者その他の親族のために健康の保持増進・疾病の予防への取組として特定一般用医薬品等を購入した場合，その合計額のうち12,000円を超える部分の金額（88,000円が限度）について所得控除を受けることができる。

　なお，(1)と(2)はどちらか有利な方の選択適用となる。

例題

次の資料に基づき，居住者甲の令和6年（以下「本年」という。）分の医療費控除額を計算しなさい。

＜資料＞

1. 甲の本年分の課税標準額の合計額　7,520,000円
2. 本年中に甲が支出した医療費等は，次のとおりである。
   (1)　甲に係るもの
       ①　内臓疾患に係る入院費用　420,000円
          このうち75,000円は，本年1月10日に支払った令和5年12月に係るものである。なお，内臓疾患は退院時（本年6月）に完治している。
       ②　本年11月に行った人間ドックの費用　152,000円
          なお，重大な疾病は発見されなかった。
   (2)　甲と生計を一にする親族に係るもの
       ①　甲の母の外科治療代　150,000円
       ②　妻の歯科治療代　50,000円
          上記のほか，本年分の治療代の未払分が30,000円ある。
       ③　次女の美容整形に係る費用　157,000円
   (3)　甲と別生計の長男の負傷に係る治療代　260,000円

---

1. 医療費の額
   420,000円 ＋ 150,000円 ＋ 50,000円 ＝ 620,000円
2. 足切額
   7,520,000円 × 5％ ＝ 376,000円 ＞ 100,000円　∴ 100,000円
3. 医療費控除額
   620,000円 － 2. ＝ 520,000円

3 社会保険料控除

居住者が，各年において，自己又は自己と生計を一にする配偶者とその他の親族の負担すべき社会保険料を支払った場合又は給与などから控除される場合には，その支払った金額又は控除される金額を，その居住者のその年分の課税標準額から控除する。

(1)　対象となる社会保険料…納税者又は生計を一にする配偶者その他の親族が負担すべき社会保険料
　　社会保険料とは次のようなものをいう。
　　①　健康保険の被保険者負担の保険料
　　②　国民健康保険の保険料又は国民健康保険税
　　③　長寿（後期高齢者）医療保険料
　　④　介護保険法の規定による介護保険の保険料
　　⑤　雇用保険の被保険者負担の保険料
　　⑥　農業者年金の保険料
　　⑦　国民年金の被保険者負担の保険料
　　⑧　厚生年金保険の被保険者負担の保険料
　　⑨　特別加入の労働保険料

(2)　控除額…………支払った金額

4 小規模企業共済等掛金控除

　事業主又はその配偶者等が，その年中に支払った次の掛金はその支払った金額が所得金額から控除できる。

(1)　対象となる掛金……①小規模企業共済法に規定する独立行政法人中小企業基盤整備機構と結んだ共済契約の掛金（旧第2種共済契約を除く）

　　　　　　　　　　　②確定拠出年金法に規定する企業型年金加入者掛金または個人型年金加入者掛金

　　　　　　　　　　　③地方公共団体が心身障害者に関して実施する扶養共済制度で，政令で定めるものに基づく掛金

(2)　控除額…………支払った金額

> **（参考）** 旧第二種共済契約の掛金は生命保険料控除の対象となる。

5 生命保険料控除

　納税者が，その年中に，受取人の全てを本人又は生計を一にする配偶者やその他の親族とする(1)一般の生命保険料や(2)個人年金保険料，又は(3)平成24年1月1日以後に契約を締結した介護医療保険料を支払った場合には，次の区分に応じそれぞれにより計算した金額の合計額（旧契約も含め最高12万円が限度）を生命保険料控除として，所得金額から控除できる。

> **（注1）** 保険料には，掛金等を含む。
> **（注2）** 剰余金や割戻金がある場合には，支払保険料から控除する。

(1)　一般の生命保険料
　①　平成23年12月31日以前に契約を締結した保険料（旧契約）
　　a．支払った保険料が 25,000円以下………………………支払保険料全額
　　b．支払った保険料が 25,000円超 50,000円以下 ……支払保険料の額$\times\frac{1}{2}+12,500$円
　　c．支払った保険料が 50,000円超 100,000円以下 ……支払保険料の額$\times\frac{1}{4}+25,000$円
　　d．支払った保険料が100,000円超………………………50,000円（限度）
　②　平成24年1月1日以後に契約を締結した保険料（新契約）
　　a．支払った保険料が 20,000円以下………………………支払保険料全額
　　b．支払った保険料が 20,000円超 40,000円以下 ……支払保険料の額$\times\frac{1}{2}+10,000$円
　　c．支払った保険料が 40,000円超 80,000円以下 ……支払保険料の額$\times\frac{1}{4}+20,000$円
　　d．支払った保険料が 80,000円超………………………40,000円（限度）
　③　①と②の両方の保険料を支払った場合
　　　①で計算した金額と②で計算した金額の合計額（最高4万円が限度[*1]）。

　＊1　旧契約のみで保険料控除額を計算した場合には最高5万円が限度

(2)　個人年金保険料
　①　平成23年12月31日以前に契約を締結した保険料（旧契約）
　　　上記(1)①に準じて計算した金額。
　②　平成24年 1 月 1 日以後に契約を締結した保険料（新契約）
　　　上記(1)②に準じて計算した金額。
　③　①と②の両方の保険料を支払った場合
　　　上記(1)③に準じて計算した金額。
(3)　介護医療保険料
　(1)②に準じて計算した金額。

6　地震保険料控除

(1)　対象となる損害保険料…納税者又は生計を一にする配偶者その他の親族が所有し，常時居住して
　　　　　　　　　　　　　いる家屋等生活に通常必要な資産を保険又は共済目的とする地震保険契
　　　　　　　　　　　　　約等のために支払った保険料等
(2)　控除額…………控除する保険料等は，地震保険契約に係る地震等相当部分の保険料等の全額（最
　　　　　　　　　高 5 万円）

> (注)　①　平成18年で損害保険料控除は終了しているが，一定の長期保険控除に基づく損害保険料等については，その
> 　　　　　契約が満期をむかえるまでは，従前の損害保険料控除の適用がある。
> 　　　②　不動産所得の基因となる建物等に係る損害保険料は，地震保険料控除の対象ではなく，不動産所得に係る必
> 　　　　　要経費に算入する。

7　寄附金控除

　居住者が，各年において，特定寄附金を支出した場合において，その年中に支出した特定寄附金の
額の合計額（その合計額がその者のその年分の課税標準額の合計額の40％相当額を超える場合には，
その40％相当額）が 2,000円を超えるときは，その超える金額を，その者のその年分の課税標準額か
ら控除することができる。
(1)①対象となる寄附金………納税者がその年に支払った特定寄附金

> (注)　特定寄附金とは，次に掲げる寄附金（学校の入学に関してするものを除く。）をいう。
> 　(1)　国又は地方公共団体に対する寄附金
> 　(2)　公益社団法人，公益財団法人等に対する寄附金で財務大臣が指定したもの
> 　(3)　公益の増進に著しく寄与する法人として下記に掲げる法人に対する寄附金
> 　　①　独立行政法人
> 　　②　日本赤十字社
> 　　③　私立学校法人
> 　　④　更生保護法人
> 　　⑤　その他特定の法人

　②控除額

$$\left. \begin{array}{l} 支出寄附金の額 \\ 総所得金額等 \times 40\% \end{array} \right\} 少ない金額 \right) - 2,000円$$

(2) 税額控除の選択

　　政党等や認定NPO法人等に対する寄附金については，支払った年分の所得控除としての寄附金控除との選択により，税額控除*の適用を受けることができる。

例題

次の資料に基づき，居住者甲の令和6年分の寄附金控除額を計算しなさい。

＜資料＞

1．甲の令和6年分の課税標準の内訳は次のとおりである。
　(1)　総所得金額　　　　　　　3,800,000円
　(2)　長期譲渡所得の金額　1,600,000円

2．甲の令和6年中に支出した寄附金の内訳は次のとおりである。
　　なお，下記寄附により特別の利益が甲に及ぶと認められるものはない
　(1)　日本赤十字社に対する寄附金　　　　　　　　300,000円
　(2)　甲の長男が大学に入学する際に支出した寄附金　500,000円
　　　　この寄附金は入学の条件になっているものである。
　(3)　国に対する寄附金　　　　　　　　　　　　　300,000円
　(4)　神社の祭礼に係る寄附金　　　　　　　　　　15,000円
　(5)　更生保護法人に対する寄附金　　　　　　　　200,000円

1．課税標準の合計額

3,800,000円 ＋ 1,600,000円 ＝ 5,400,000円

〔解説〕　課税標準の内訳に，長期譲渡所得の金額などの総所得金額に算入する際に2分の1処理をするものがある場合には，特に指示がなければ，2分の1処理をした後の値であるものとして処理しても差し支えない。

2．特定寄附金の額

300,000円 ＋ 300,000円 ＋ 200,000円 ＝ 800,000円

〔解説〕　大学に入学する際に支出した寄附金及び神社の祭礼に係る寄附金は，特定寄附金には該当しない。

3．寄附金控除額
　(1)　800,000円 ≦ 5,400,000円 × 40% ＝ 2,160,000円　∴ 800,000円
　(2)　(1) － 2,000円 ＝ 798,000円

---

8 障害者控除

(1)　対象となる障害者……障害者である納税者あるいは控除対象配偶者*1又は扶養親族*2
　　　　　　　　　　　　　なお，障害者のうち精神又は身体に重度の障害がある者を特別障害者という。

(2)　控除額……障害者1人につき270,000円（特別障害者は400,000円，同居特別障害者は750,000円）

----

　*1　*2　①　配偶者控除，扶養控除の項目を参照のこと。

（参考）特別障害者とは，障害者のうち，重度の知的障害者や，精神障害者保健福祉手帳に障害等級1級である旨が記載されている者，身体障害者手帳に障害等級が2級以上である旨が記載されている者などが対象となる。

9 寡婦控除・ひとり親控除

(1)　寡婦控除

　　所得者本人が寡婦である場合には，所得から一定額を控除することができる。

　　①　寡婦…その年の 12 月 31 日の現況で，ひとり親に該当せず，夫と死別や離別後再婚姻していない（以下「死別等」という）者で合計所得金額が 500 万円以下である者をいう。

　　②　控除額…270,000 円

(2)　ひとり親控除

　　未婚のひとり親[*2] については，ひとり親控除が適用される。（適用条件は，死別等の場合と同様である。）

　　　控除額…350,000 円

　　＊1　生計を一にする子とは，総所得金額等の合計額が 48 万円以下である子をいう。
　　＊2　未婚のひとり親とは，現に婚姻していない者又は配偶者の生死不明者で生計を一にする総所得金額等が 48 万円以下である子を有する合計所得金額が 500 万円以下である親をいう。

10 勤労学生控除

　　居住者が勤労学生である場合には，その者のその年分の課税標準額から，一定額を控除できる。

(1)　対象となる学生……高等学校，大学，専修学校の生徒等その他所定の生徒等で給与所得等を有する者のうち，その年の合計所得金額が75万円以下であり，かつ，給与所得等以外の所得が10万円以下である者

　　(注)　給与所得等とは，自己の勤労に基づいて得た事業所得，給与所得，退職所得又は雑所得をいう。

(2)　控除額…………270,000円

　　(参考)　勤労学生とは，その年の 12 月 31 日の現況で，次要件の満たす者をいう。
　　　　①　給与所得などの勤労による所得があること
　　　　②　合計所得金額が 75 万円以下で，かつ，①の勤労に基づく所得以外の所得が 10 万円以下であること
　　　　③　特定の学校の学生，生徒であること

11 配偶者控除

(1)　対象となる配偶者……納税者と生計を一にする配偶者（同一生計配偶者という。）で，合計所得金額が48万円以下である者（控除対象配偶者という。）

　　(注) ①　納税者本人の合計所得金額が1,000万円超の場合は，配偶者控除の適用はできない。
　　　　② 青色事業専従者に該当しその給与の支払を受けた配偶者又は事業専従者とした配偶者は，配偶者控除の適用はない。

(2) 控除額

控除を受ける納税者本人の合計所得額，及び控除対象配偶者の年齢により，控除額は下記のようになる。

納税者本人の合計所得金額	控除額	
	控除対象配偶者	老人控除対象配偶者
900万円以下	38万円	48万円
900万円超　950万円以下	26万円	32万円
950万円超1,000万円以下	13万円	16万円

※老人控除対象配偶者とは，控除対象配偶者のうち，その年12月31日現在における年齢が70歳以上の者をいう。

※源泉控除対象配偶者とは，本人の合計所得金額が900万円以下であり，かつ，その納税者と生計を一にする配偶者の合計所得金額が95万円以下の者をいう。ただし，青色事業専従者として給与の支払いを受ける者又は白色事業専従者でない者が該当する。

12 配偶者特別控除

(1) 対象となる配偶者……納税者と生計を一にする控除対象配偶者以外の配偶者

> **(注)** 青色事業専従者に該当しその給与の支払を受けた配偶者又は事業専従者とした配偶者，その年の合計所得金額が48万円以下又は133万円超である配偶者を除く。また，納税者のその年の合計所得金額が1,000万円（年収約1,195万円）を超えている場合を除く。

(2) 控除額…………納税者本人のその年における合計所得金額及び配偶者の合計所得金額により控除額は変わり，最高は38万円となっている。

		控除を受ける納税者本人の合計所得金額		
		900万円以下	900万円超 950万円以下	950万円超 1,000万円以下
配偶者の合計所得金額	48万円超　95万円以下	38万円	26万円	13万円
	95万円超　100万円以下	36万円	24万円	12万円
	100万円超　105万円以下	31万円	21万円	11万円
	105万円超　110万円以下	26万円	18万円	9万円
	110万円超　115万円以下	21万円	14万円	7万円
	115万円超　120万円以下	16万円	11万円	6万円
	120万円超　125万円以下	11万円	8万円	4万円
	125万円超　130万円以下	6万円	4万円	2万円
	130万円超　133万円以下	3万円	2万円	1万円

13 扶養控除

居住者が控除対象扶養親族を有する場合には，居住者のその年分の課税標準額から一定額を控除することができる。

(1)　対象となる親族……納税者と生計を一にする配偶者以外の親族で，合計所得金額が 48 万円以下の者（扶養親族という）のうち，16 歳以上のもの（控除対象扶養親族という）

> **(注)** 青色事業専従者に該当しその給与の支払を受けた親族又は事業専従者とした親族は，扶養控除の適用はない。

(2)　控除額
①　一般の控除対象扶養親族（16歳以上で，②，③，④に該当しない扶養親族）…………380,000円
②　特定扶養親族（19歳以上で23歳未満の扶養親族）……………………………………630,000円
③　老人扶養親族（70歳以上の扶養親族）……………………………………………………480,000円
④　納税者又は配偶者の直系尊属で同居を常況とする老人扶養親族 ……………………580,000円

(3)　非居住者の扶養控除

次のいずれにも該当しない非居住者である扶養親族のうち，年齢 30 歳以上 70 歳未満の者は，扶養親族に該当しない。

①　留学により国内に住所及び居所を有しなくなった者
②　障害者
③　その年においてその者の生活費等のために送金した金額が 38 万円以上であること

14 基礎控除

基礎控除は，納税者本人の合計所得金額に応じて次の通りとなる。
①　2,400万円以下　……………………………………………………………………………480,000円
②　2,400万円超　2,450万円以下 ……………………………………………………………320,000円
③　2,450万円超　2,500万円以下 ……………………………………………………………160,000円
④　2,500万円超 ………………………………………………………………………………………0円

15 所得控除の順序

(1)　所得控除は，総所得金額（短期譲渡所得金額，長期譲渡所得金額，株式等に係る譲渡所得等の金額），山林所得金額，退職所得金額の順で差引く。
(2)　14種類の所得控除のうち，雑損控除をまずはじめに行う。そのほかの控除については順序はない。

第 **5** 章 申告納税額の計算

　課税標準から前章で計算される各種の所得控除額の合計額を差引いた後の金額を，それぞれ課税総所得金額，（課税短期譲渡所得金額，課税長期譲渡所得金額，株式等に係る課税譲渡所得等の金額），課税山林所得金額，課税退職所得金額という。

　それぞれの金額の1,000円未満の端数は切り捨てる。

1 課税総所得金額等に対する税額

(1)　課税総所得金額に対する税額

　　課税総所得金額に超過累進税率を適用して税額を計算する。

所得税の税額速算表

課 税 所 得 金 額 (A)		税率(B)	控 除 額 (C)
超　　　　　　以下			
～　　　195万円		5％	———
195万円　～　　330万円		10％	97,500円
330万円　～　　695万円		20％	427,500円
695万円　～　　900万円		23％	636,000円
900万円　～　1,800万円		33％	1,536,000円
1,800万円　～　4,000万円		40％	2,796,000円
4,000万円　～		45％	4,796,000円

(注) 所得税額　(A) × (B) － (C)

(2)　課税山林所得金額に対する税額

　　課税山林所得金額の $\frac{1}{5}$ 相当額について超過累進税率を適用して計算した金額を5倍して税額を計算する。これを「五分五乗方式」といい，税負担は軽くなる。

(3)　課税退職所得金額に対する税額

　　課税総所得金額に対する場合と同じように，課税退職所得金額に超過累進税率を適用して税額を計算する。

(4)　分離課税とされる課税短期譲渡所得金額，課税長期譲渡所得金額については別段の計算規定がある。

　　そのほかに税額計算の特例として，変動所得又は臨時所得がある場合の平均課税がある。

(5)　優良住宅地の造成等のために土地等を譲渡した場合の税率の特例

　　①　個人が令和7年12月31日までに長期譲渡所得に該当する土地等の譲渡を行った場合にお

いて，その譲渡が一定の譲渡に該当する場合には，以下の軽減税率が適用される。

課税長期譲渡所得金額の区分	税率（住民税）
2,000万円以下の金額	10.21%（4%）
2,000万円超の部分の金額	15.315%（5%）

② 対象となる譲渡

(イ) 国又は地方公共団体等に対する土地等の譲渡

(ロ) 各地高速道路株式会社等に対する土地等の譲渡で，収用等の対象となるもの

(ハ) 収用交換等による土地等の譲渡

(ニ) 所有者不明土地の利用の円滑化法に基づく一定の土地等の譲渡

(6) 所有期間10年超の居住用財産を譲渡した場合の税率の特例

① 個人が居住用財産で所有期間が譲渡した年の1月1日現在で10年を超えるものを譲渡した場合においては，以下の軽減税率が適用される。

課税長期譲渡所得金額の区分	税率（住民税）
6,000万円以下の金額	10.21%（4%）
6,000万円超の部分の金額	15.315%（5%）

② 対象となる譲渡

(イ) 現に居住の用に供している家屋またはその敷地等

(ロ) 特定の家屋または敷地で，居住しなくなった日から3年を経過する年の12月31日までに譲渡したもの

2 平均課税による税額計算

変動所得又は臨時所得がある場合で，一定の要件に該当する場合には，課税総所得金額に対する税額の計算を，平均課税により計算することができる。

(1) 変動所得の意義

変動所得とは，事業所得や雑所得のうち，漁獲から生ずる所得，著作権の使用料に係る所得，印税や原稿料，作曲料などの所得で年々の変動の著しいもののうち，特定のものをいう。

(2) 臨時所得の意義

事業所得や不動産所得，雑所得のうち，次の所得やこれらに類する所得をいう。

・不動産等や特許権などを3年以上の期間他人に使用させることにより受ける権利金や，プロ野球選手が役務の提供を約することにより受ける一時金で臨時に発生するものなどで，その金額がその契約による使用料の2年分以上であるものの所得（ただし，譲渡所得に該当するものは除く。）

・その他一定の所得

(3) 平均課税の計算方法

1. 平均課税適用の可否判定

次の金額が，その年分の総所得金額の20%以上である場合に適用あり

> その年分の変動所得の金額＋その年分の臨時所得の金額

> **(注)** その年分の変動所得の金額が前年と前々年の変動所得の合計額の2分の1（以下「前2年間の平均値」という）以下の場合には，その年分の臨時所得の金額で判定する。

2．課税総所得金額を求める（千円未満切捨）

> 総所得金額－各種所得控除

3．平均課税対象金額（平均課税の対象となる金額）を求める

> その年分の変動所得の金額＋その年分の臨時所得の金額

（注） その年分の変動所得の金額のうち前2年間の平均値を超える部分の金額

4．調整所得金額（超過累進税率が適用される部分の金額）を求める
   ①　その年分の課税総所得金額が平均課税対象金額を超える場合（千円未満切捨）

> 2．課税総所得金額 － 3．平均課税対象金額×$\left(\dfrac{4}{5}\right)$

   ②　その年分の課税総所得金額が平均課税対象金額以下の場合（千円未満切捨）

> 2．課税総所得金額×$\left(\dfrac{4}{5}\right)$

5．調整所得金額に超過累進税率を適用して税額を算出

> 4．調整所得金額 × 税率 － 控除額

6．平均税率（調整所得金額に対する税額の調整所得金額に対する割合）を求める（小数点3位以下切捨）

> 5．調整所得金額に対する税額 ÷ 4．調整所得金額

7．特別所得金額（平均税率が適用される部分の金額）を求める

> 2．課税総所得金額 － 4．調整所得金額

8．特別所得金額に平均税率を適用して税額を算出

> 7．特別所得金額 × 6．平均税率

9．税額合計

> 5． ＋ 8． ＝ 所得税額

例題

次の資料に基づき，平均課税の適用の有無を判定し，その適用があると認められる場合には，平均課税を適用した場合の所得税額を求めなさい。

＜資料＞

1．本年分の総所得金額　28,578,000円

2．上記1.に含まれる変動所得　4,400,000円

　　なお，前年分の変動所得の金額は1,500,000円，前々年分の変動所得の金額は2,800,000円である。

3．上記1.に含まれる臨時所得の金額　16,100,000円

4．所得控除の合計額　4,050,000円

5．税額速算表

課税所得金額	税率	控除額
1,950,000円以下	5%	－
1,950,000円超　3,300,000円以下	10%	97,500円
3,300,000円超　6,950,000円以下	20%	427,500円
6,950,000円超　9,000,000円以下	23%	636,000円
9,000,000円超　18,000,000円以下	33%	1,536,000円
18,000,000円超　40,000,000円以下	40%	2,796,000円
40,000,000円超	45%	4,796,000円

1．適用の判定

　　$4,400,000円^{(*1)} + 16,100,000円 \geqq 28,578,000円 \times 20\%$　∴適用あり

　　（＊1）　$4,400,000円 > (1,500,000円 + 2,800,000円) \times (\frac{1}{2})$　∴4,400,000円

2．課税総所得金額

　　$28,578,000円 - 4,050,000円 = 24,528,000円$（千円未満切捨）

3．平均課税対象金額

　　$2,250,000円^{(*2)} + 16,100,000円 = 18,350,000円$

　　（＊2）　$4,400,000円 - (1,500,000円 + 2,800,000円) \times (\frac{1}{2})$　∴2,250,000円

4．調整所得金額

　　$24,528,000円 - 18,350,000円 \times (\frac{4}{5}) = 9,848,000円$（千円未満切捨）

5．調整所得金額に対する税額

　　$9,848,000円 \times 33\% - 1,536,000円 = 1,713,840円$

6．平均税率

　　$1,713,840円 \div 9,848,000円 = 0.1740 \cdots 0.17$（小数点3位以下切捨）

7．特別所得金額

　　$24,528,000円 - 9,848,000円 = 14,680,000円$

8．特別所得金額に対する税額

　　$14,680,000円 \times 0.17 = 2,495,600円$

9．5. ＋ 8. ＝ 4,209,440円

3 年の中途で非居住者が居住者となった場合の税額計算

　その年 12 月 31 日（その年の中途において死亡した場合には，その死亡の日）において居住者である者で，その年において非居住者であった期間を有するもの又はその年の中途において出国をする居住者でその年 1 月 1 日からその出国の日までの間に非居住者であった期間を有するものに対して課する所得税の額は，課税標準及び税額の計算の規定により計算した所得税の額によらず，居住者であった期間内に生じた居住者の所得並びに非居住者であった期間内に生じた国内源泉所得に係る所得を基礎として政令で定める方法により計算した金額による。

> **（参考）** 政令に定める方法とは，その者がその年において居住者であつた期間内に生じた所得とその者がその年において非居住者であった期間内に生じた国内源泉所得に係る所得を，通常の所得税計算の規定に準じてそれぞれ各種所得に区分し，その各種所得ごとに所得の金額を計算する方法である。

4 税額控除

　所得控除を差引いた後の各種の課税所得金額について計算された税額から控除される金額がある。この控除を税額控除といい，政策的に認められている制度である。

　税額控除には，配当控除，既存住宅の耐震改修をした場合の特別控除，外国税額控除，住宅借入金等特別控除などいくつかあるが，ここでは基本的なものについて説明する。

　なお，確定申告により納付する所得税額は，その控除後の税額から災害減免額を差引き，さらに源泉徴収税額，また予定納税をした人についてはその予定納税額を控除した残額である。

［1］　配当控除……納税者が内国法人から受けた剰余金の配当，利益の配当，剰余金の分配に係る配当所得又は特定株式投資信託の収益の分配に係る配当所得を有する場合には，その納税者のその年分の所得税額から原則として次の金額を控除する。

①　課税総所得金額，課税短期譲渡所得金額及び課税長期譲渡所得金額の合計額（②において「課税総所得金額等」という。）が 1,000 万円以下の場合

配当所得の金額 × 10% ＝ 配当控除額

②　課税総所得金額等が 1,000 万円を超える場合

$$\left(\begin{array}{l} \text{配当所得の金額のうち，課税総所} \\ \text{得金額等から 1,000 万円を差引い} \\ \text{た残額に達するまでの金額……Ⓐ} \end{array} \right) \times 5\% + \left(\begin{array}{l} \text{配当所得の金額} \\ \text{のうち，Ⓐ以外} \\ \text{の部分の金額} \end{array} \right) \times 10\% = \text{配当控除額}$$

> **（注1）** この配当控除は，所得税と同じ国税である法人税との関係から，二重課税の排除のためのものなので，建設利息や基金利息のように，配当等を支払う法人でその金額が損金となるものは，配当控除の対象とはならない。
>
> **（注2）** この配当控除は，確定申告書に記載された配当所得の金額を基礎として計算されるので，申告を省略することとした少額配当及び源泉分離課税を選択した配当については適用はない。

［2］　外国税額控除

　居住者が，その年において外国の法令により所得税に相当する租税（以下「外国所得税」という。）を納付することとなる場合には，次の算式で計算した控除限度額を限度として，その外国所得税額をその年分の所得税額から差し引くことができる。

①　控除限度額の計算

㈠　所得税の控除限度額 ＝ その年分の所得税額[*1] × $\left(\dfrac{\text{その年分の調整国外所得金額}[*3]}{\text{その年分の所得総額}[*2]} \right)$

> **（参考）** その外国所得税額が所得税の控除限度額を超える場合には，次の算式㈡で計算した金額を限度として，その超える金額をその年分の復興特別所得税額から差し引くことができる。

㋺　復興特別所得税の控除限度額＝その年分の復興特別所得税額*4×

$$\left(\dfrac{その年分の調整国外所得金額}{その年分の所得総額}\right)$$

----

*1　「その年分の所得税額」とは，配当控除や（特定増改築等）住宅借入金等特別控除などの税額控除などを適用した後の所得税額をいう。

*2　「その年分の所得総額」とは，純損失または雑損失の繰越控除や上場株式等に係る譲渡損失の繰越控除などの各種繰越控除の適用を受けている場合には，その適用前のその年分の総所得金額，分離長（短）期譲渡所得の金額（特別控除前の金額），一般株式等に係る譲渡所得等の金額，上場株式等に係る譲渡所得等の金額，申告分離課税の上場株式等に係る配当所得等の金額，先物取引に係る雑所得等の金額，退職所得金額および山林所得金額の合計額をいう。

*3　「その年分の調整国外所得金額」とは，純損失または雑損失の繰越控除や上場株式等に係る譲渡損失の繰越控除などの各種繰越控除の適用を受けている場合には，その適用前のその年分の国外所得金額をいう。ただし，国外所得金額がその年分の所得総額に相当する金額を超える場合は，その年分の所得総額に相当する金額となる。

*4　「その年分の復興特別所得税額」とは，基準所得税額（その年分の所得税額）に 2.1 パーセントの税率を乗じて計算した金額をいう。

[3]　政党等寄付金特別控除制度

　個人が令和 6 年 12 月 31 日までに支払った政党等に対する寄附金については，支払った年分の所得控除としての寄附金控除との選択により，税額控除[注1]の適用を受けることができる。

特別控除額の計算

$$\left[\begin{array}{c}その年中に支払った\\政党等に対する寄付金-2,000円\\の額の合計額^{注2注3}\end{array}\right]×30\%=\begin{array}{c}政党等\\寄付金\\特別控除額\end{array}\left[\begin{array}{c}100 円未満\\の端数\\切り捨て\end{array}\right]$$

(注1)　税額控除は，その年分の所得税額の 25％相当額が限度となる。

(注2)　「その年中に支払った政党等寄附金の額の合計額」については，その年分の総所得金額等の 40 パーセント相当額が限度とされる。
　　　　ただし，寄附金控除の適用を受ける特定寄附金の額，公益社団法人等寄附金特別控除の適用を受ける公益社団法人等寄附金の額，認定 NPO 法人等寄附金特別控除の適用を受ける認定 NPO 法人等寄附金の額（以下「特定寄附金等の額」という。）がある場合で，政党等に対する寄附金の額の合計額にその特定寄附金等の額の合計額を加算した金額がその年分の総所得金額等の 40 パーセント相当額を超えるときは，その 40 パーセント相当額からその特定寄附金等の額の合計額を控除した残額とされる。

(注3)　「2 千円」については，特定寄附金等の額がある場合には 2,000 円からその特定寄附金等の額の合計額を控除した残額とされる。

[4]　認定 NPO 法人に寄附をしたとき

　平成 23 年以降に個人が認定 NPO 法人等*1 に対して一定の寄附金を支出した場合には，支払った年分の所得控除として寄附金控除の適用を受けるか，または次の算式で計算した金額（その年分の所得税額の 25 パーセント相当額を限度とする。）について税額控除の適用を受けるか，いずれかを選択することができる。

○特別控除額の計算

$$\left[\begin{array}{l}\text{その年中に支払った}\\\text{認定 NPO 法人等}\\\text{寄附金の額の合計額}^{*2}\end{array} -2,000円^{*3}\right] \times 40\% = \begin{array}{l}\text{認定 NPO 法人等に対する}\\\text{寄附金特別控除額}^{*4}\end{array} \left[\begin{array}{l}\text{100 円未満}\\\text{の端数}\\\text{切捨て}\end{array}\right]$$

- *1 「認定 NPO 法人等」とは，所轄庁の認定を受けた認定 NPO 法人などをいう。
- *2 「その年中に支払った認定 NPO 法人等寄付金の額の合計額」については，その年分の総所得金額等の 40 パーセント相当額が限度とされる。ただし，寄附金控除の適用を受ける特定寄附金の額および公益社団法人等寄附金特別控除の適用を受ける公益社団法人等寄附金特別控除の額（以下「特定寄附金等の額」という。）がある場合で，認定 NPO 法人等に対する寄附金の額の合計額にその特定寄附金等の額の合計額を加算した金額がその年分の総所得金額等の 40 パーセント相当額を超えるときは，その 40 パーセント相当額からその特定寄附金等の額の合計額を控除した残額とされる。
- *3 「2,000 円」については，特定寄附金等の額がある場合には 2,000 円からその特定寄附金等の合計額を控除した残額とされる。
- *4 公益社団法人等寄附金特別控除額の適用がある場合は，所得税の 25 パーセント相当額から公益社団法人等寄附金特別控除額を控除した金額が控除限度額となる。

> （参考）　政党等寄附金特別控除の税額控除限度額は，これとは別枠で判定する。

[5]　（増改築等）住宅借入金等特別控除

　個人が住宅ローン等を利用して，一定の住宅を新築，取得または増改築等（以下「取得等」という。）をし，令和 7 年 12 月 31 日までの間に自己の居住の用に供したときは，一定の要件の下，その取得等に係る住宅ローン等の年末残高の合計額等を基として計算した金額を，居住の用に供した年分以後の各年分の所得税額から控除することができる。この特例は，以下のとおり，住宅等の区分および居住年に応じて，借入限度額や控除期間が異なる。また，給与所得者の場合には，適用初年度については，確定申告が必要となり，その翌年以降については，年末調整により控除を受けることができる。

(1)　借入限度額

新築・買取再販住宅	認定	ZEH/ 省エネ	省エネ基準適合	一般
子育て特例対象個人*1の場合*2	5,000 万円	4,500 万円	4,000 万円	*3
それ以外	4,500 万円	3,500 万円	3,000 万円	

- *1　子育て特例対象個人とは，年齢 40 歳未満であって配偶者を有する者，年齢 40 歳以上であって年齢 40 歳未満の配偶者を有する者又は年齢 19 歳未満の扶養親族を有する者をいう。
- *2　認定住宅等の取得等をして令和 6 年 1 月 1 日から令和 6 年 12 月 31 日までの間に居住の用に供した場合の限度額
- *3　令和 6 年 6 月 30 日までに建築されたものについては 2,000 万円，それ以外は 0 円

既存住宅	認定	ZEH/ 省エネ	省エネ基準適合	一般
	3,000 万円			2,000 万円

(2)　控除率　0.7%

(3)　控除期間

　　　新築・買取再販　　13 年間（ただし一般住宅については 10 年間）
　　　既存住宅　　　　　10 年間

(4)　適用要件等

① 新築住宅の場合

(イ)　取得後6月以内に居住し，12月31日まで引き続き居住の用に供していること

(ロ)　床面積50㎡*1以上で，その2分の1以上が居住用であること

(ハ)　控除を受ける年の合計所得金額が2,000万円以下であること

(ニ)　居住開始年の前後5年以内に住宅関連の特例を適用していないこと

(ホ)　償還期間10年以上の割賦返済である借入金等であること

② 既存住宅の場合

(イ)　新築住宅の場合の要件を満たすこと

(ロ)　新耐震基準に適合した住宅または昭和57年以降に建築された住宅であること

(ハ)　建築後使用済みの家屋であること

- -

＊1　令和5年12月31日までに新築の建築確認を受けた場合は40㎡（合計所得金額1,000万円以下の場合に限る

[6]　住宅耐震改修特別控除

　令和7年12月31日までの間に，自己の居住の用に供する家屋（昭和56年5月31日以前に建築されたものに限る。）について住宅耐震改修をした場合には，一定の金額をその年分の所得税額から控除（住宅耐震改修特別控除）することができる。

(1)　適用要件

　次のすべての要件を満たす耐震改修工事を行なったこと

① 昭和56年5月31日以前に建築された家屋であって，自己の居住の用に供する家屋であること。

② 耐震改修をした家屋が，現行の耐震基準に適合するものであること。

③ 2以上の住宅を所有している場合には，主として居住の用に供すると認められる住宅であること。

(2)　住宅耐震改修特別控除の控除額の計算方法

$$控除額＝A×10\%＋B×5\%$$

AまたはBのそれぞれに対して算出された控除額のうち100円未満の端数金額は切り捨て

　A　住宅耐震改修に係る耐震工事の標準的な費用の額（工事の費用に関し補助金等の交付を受ける場合には，その補助金等の額を控除する。以下同じ。）（控除対象限度額を限度）*1, *2

　B　次の①，②のいずれか低い金額（1,000万円からAの金額を控除した金額を限度）*3

① 次のイとロの合計額

　イ　住宅耐震改修に係る耐震工事の標準的な費用の額のうち控除対象限度額を超える部分の額

　ロ　住宅耐震改修に係る耐震工事と併せて行う増築，改築その他の一定の工事に要した費用の額（補助金等の交付がある場合には当該補助金等の額を控除した後の金額）の合計額

② 住宅耐震改修に係る耐震工事の標準的な費用の額

- -

＊1　住宅耐震改修に係る耐震工事の標準的な費用の額とは，住宅耐震改修に係る工事の種類ごとに単位当たりの標準的な工事費用の額として定められた金額に，その住宅耐震改修に係る工事を行った床面積等を乗じて計算した金額をいう。

＊2　住宅耐震改修に係る耐震工事の控除対象限度額
　　令和4年1月1日以後に住宅耐震改修をした場合は250万円

＊3　Bの控除の適用を受ける場合，自己が所有する家屋であって，かつ，この特別控除を受ける年分の合計所得金額が3,000万円以下である要件を満たす必要がある。

（参考） バリアフリー改修工事などを行なった場合で，一定の要件を満たす場合には，「住宅特定改修特別税額控除」の適用を受けることができる。

[7] 認定住宅新築等特別税額控除

認定長期優良住宅等の新築等をして令和 7 年 12 月 31 日までの間に居住の用に供したときは，一定の要件の下で，認定長期優良住宅等の認定基準に適合するために必要となる標準的なかかり増し費用の 10 パーセントに相当する金額を，原則としてその年分の所得税額から控除することができる。

(1) 控除額

標準的なかかり増し費用の 10%相当額

標準的なかかり増し費用は，認定住宅等の構造の区分にかかわらず，1 平方メートル当たり定められた金額（45,300 円）に，その認定住宅の床面積を乗じて計算した金額（限度額 650 万円）となる。

(2) 控除期間

居住年

ただし，以下のいずれかに該当する場合は居住年の翌年の所得税の額から控除未済税額控除額（居住年に控除しきれなかった残額）を控除することができる。

① 居住年の所得税の額から控除してもなお控除しきれない金額がある場合

② 居住年において，確定申告書を提出すべき場合および提出することができる場合のいずれにも該当しない場合（居住年に所得税額がなかったとき）

（注） 控除未済税額控除額を居住年の翌年の所得税の額から控除するためには、居住年および居住年の翌年の両方の年分の合計所得金額が 2,000 万円以下である必要があります。

(3) 適用要件

① 認定住宅等の新築または建築後使用されたことのない認定住宅等の取得であること。

② 住宅の新築または取得の日から 6 か月以内に居住の用に供していること。

③ この特別控除を受ける年分の合計所得金額が，2,000 万円以下であること。

④ 新築または取得をした住宅の床面積が 50 平方メートル以上であり，床面積の 2 分の 1 以上の部分が専ら自己の居住の用に供するものであること。

⑤ 2 以上の住宅を所有している場合には，主として居住の用に供すると認められる住宅であること。

⑥ 居住年およびその前 2 年の計 3 年間に次に掲げる譲渡所得の課税の特例の適用を受けていないこと。

(イ) 居住用財産を譲渡した場合の長期譲渡所得の課税の特例

(ロ) 居住用財産の譲渡所得の特別控除

（注） 被相続人の居住用財産の譲渡所得の特別控除により適用する場合を除く。

[8] 試験研究を行った場合の特別控除（中小企業技術基盤強化税制）

この制度は，青色申告書を提出する中小企業者等の各年の所得の金額の計算上，必要経費の額に算入される試験研究費の額がある場合に，その年の総所得金額にかかる所得税額から，一定金額を控除することができる制度である。

（注） 試験研究費とは、製品の製造又は技術の改良・考案もしくは発明にかかる一定の費用をいう。

(1)　対象者

　　中小企業等である個人

(2)　税額控除限度額（令和 6 年分〜令和 8 年分）

　　試験研究費の額×税額控除割合（小数点以下 3 位未満切捨）

(3)　税額控除割合

　① 　税額控除割合は，次のいずれかの算式により計算する。

　　・増減試験研究費割合＞ 12％の場合　→　12％＋（増減試験研究費割合－ 12％）× 0.375

　　・増減試験研究費割合≦ 12％の場合　→　12％

　　　　＊小数点以下 3 位未満切捨

　　　　＊増減試験研究費割合とは

$$\frac{\text{当期の試験研究費の額}-\text{比較試験研究費の額}}{\text{比較試験研究費の額}}$$

　　　　＊比較試験研究費の額とは，適用年前 3 年以内に開始した各年分の試験研究費の額の合計
　　　　　額をその各年の数で除して計算した金額となる。

　②　試験研究費割合が 10％を超える場合は税額控除割合は①の割合に次の控除割増率を乗じた割
　　　合を加算する。（上限割合 17％）

　　　　（試験研究費割合－ 10％）× 0.5

　　　　　＊試験研究費割合は次の算式により計算する

$$\frac{\text{試験研究費の額}}{\text{平均売上金額}}$$

　　　平均売上金額は，その適用年分及びその年前 3 年以内の各年分の売上金額の平均額となる。

(4)　中小企業者等控除上限額の特例

　　控除限度額は調整前事業所得税額＊の 25％であるが，次のいずれかの割合を加算できる。

　①　増減試験研究費割合が 12％を超える場合には，中小企業者等控除上限額の計算における割合
　　に 10％を加算する。

　②　試験研究費割合が 10％を超える場合には，中小企業者等控除上限額の計算における割合に，
　　次の算式により計算した割合（上限 10％）を加算する。

　　　　（試験研究費割合－ 10％）× 2（小数点以下 3 位未満切捨）

　　＊「調整前事業所得税額」とは，次の算式により計算した金額をいう。

$$\text{総所得金額に係る所得税額}^{(\text{注}1)} \times \frac{\text{事業所得の金額}}{\text{i}+\text{ii}}{}_{(\text{注}2)}$$

　i…事業所得、不動産所得、給与所得、総合課税の利子所得・配当所得・短期譲渡所得，雑所得
　　の合計額

　ii…総合課税の長期譲渡所得の 2 分の 1 の金額と一時所得の 2 分の 1 の金額の合計額

（注 1）　「総所得金額に係る所得税額」は，配当控除後の額をいう。
（注 2）　上記の算式中の分母は，損益通算や純損失等の繰越控除等をする前の黒字の所得金額の合計額である。

[9]　特別試験研究費がある場合（オープンイノベーション型）

(1)　特別試験研究費の額

　試験研究費のうち一定の試験研究にかかるもので，契約等に基づき行われる研究にかかる費用である。上記 [2] の適用を受ける金額を除く。

(2)　控除額

　・大学や特別試験研究機関等との共同・委託研究 → 30％

・企業間等 → 20%（一定のベンチャー企業等の割合は 25%）
(3) 控除限度額
　調整前事業所得税額の 10% 相当額

[10] 中小企業者等が機械等を取得した場合の特別控除
　青色申告書を提出する中小企業者等が平成 10 年 6 月 1 日から令和 7 年 3 月 31 日までの期間（以下「指定期間」といいます。）内に新品の機械装置等を取得し，指定事業の用に供した場合に，その指定事業の用に供した日を含む事業年度において，特別償却または税額控除を受けることができる。
(1) 税額控除限度額
　基準取得価額の 7 パーセント相当額
　なお，税額控除の控除上限は，この制度における税額控除および「中小企業者等が特定経営力向上設備等を取得した場合の特別償却又は法人税額の特別控除制度」における税額控除の合計でその年分の調整前事業所得税額の 20 パーセント相当額を上限とされている。
(2) 税額控除限度超過額の繰越し
　税額控除限度額がその年分の調整前事業所得税額の 20 パーセント相当額を超えるため，その事業年度において税額控除限度額の全部を控除しきれなかった場合には，その控除しきれなかった金額（以下「繰越税額控除限度超過額」といいます。）について 1 年間の繰越しが認められる。
(3) 適用対象資産
　この制度の対象となる資産（以下「特定機械装置等」という。）は，新品の次に掲げる資産で，指定期間内に取得等し，指定事業の用に供したものである。ただし，貸付けの用に供する資産は，特定機械装置等には該当しない。
　① 機械および装置で 1 台または 1 基の取得価額が 160 万円以上のもの
　② 製品の品質管理の向上等に資する測定工具および検査工具で，1 台または 1 基の取得価額が 120 万円以上のもの
　③ 上記②に準ずるものとして測定工具および検査工具の取得価額の合計額が 120 万円以上であるもの（1 台または 1 基の取得価額が 30 万円未満であるものを除く。）
　④ ソフトウェア（複写して販売するための原本，開発研究用のものまたはサーバー用のオペレーティングシステムのうち一定のものなどは除く。以下同じ。）で，次に掲げるいずれかのもの。
　　a．一のソフトウェアの取得価額が 70 万円以上のもの
　　b．その事業年度において事業の用に供したソフトウェアの取得価額の合計額が 70 万円以上のもの
　⑤ 車両および運搬具のうち一定の普通自動車で，貨物の運送の用に供されるもののうち車両総重量が 3.5 トン以上のもの
　⑥ その他一定のもの

第 6 章 確定申告，納付，還付等

1 予定納税

(1) 予定納税は，その年の5月15日現在において確定している前年分の所得金額や税額などを基に計算した予定納税基準額が15万円以上である場合に，第1期及び第2期それぞれの期間中に，予定納税基準額の3分の1相当額をその年分の所得税等の一部として，あらかじめ納付するという制度である。納付した税額は第3期の納税額から精算されることになる。

【第1期】7月1日～7月31日
【第2期】11月1日～11月30日

なお，その年の6月30日の現況により申告納税見積額が予定納税基準額を下回ると見込まれる場合には，各期15日までに予定納税の減額申請書を提出することができる。

(2) 特別農業所得者の予定納税額の納付

次のいずれかに該当する居住者は，予定納税基準額が15万円以上である場合には，第2期において，その予定納税基準額の2分の1に相当する金額の所得税を国に納付しなければならない。

① 前年において特別農業所得者であった居住者

② その年において特別農業所得者であると見込まれることについて税務署長の承認を受けた居住者

2 確定申告

(1) 確定申告義務

居住者は，その年分の課税標準の合計額から所得控除の額の合計額を控除した各課税所得金額に税率を適用して計算した所得税の額の合計額が，配当控除の額と年末調整に係る住宅借入金等特別控除の額との合計額を超えるときは，原則として第3期において税務署長に対して，その年の翌年の2月16日から3月15日までに確定申告書を提出しなければならない。なお，何らかの理由で申告期限までに確定申告書を提出することができなかった場合でも，確定申告書を提出することができるが，この場合には期限後申告として取り扱われる。

(2) 確定申告書の種類

確定申告書には次のものがある。

① 総合課税用確定申告書（還付申告の場合も同様の申告書を使用する。）

② 分離課税用の確定申告書

③ 損失申告書

このうち損失申告書は，その年に生じた純損失の金額がある場合，その年に生じた雑損失の金額が合計所得金額を超える場合，その年の前年以前3年内に生じた純損失又は雑損失の金額が，その年の所得金額の合計額を超える場合に提出する確定申告書である。

また，給与所得者について年末調整という制度があるが，その年末調整で考慮されない雑損控除額，医療費控除額，寄付金控除額があるとき，また，配当所得があり配当控除の適用を受けたいときは，原則として，一般用の確定申告書又は還付申告書を提出することができる。

(3) 確定申告をしなければならない人の例

① 課税所得金額に対する所得税額が配当控除額と年末調整の際に控除を受けた住宅借入金等特別

控除額の合計額を超える人

② 給与所得者で次のいずれかに該当する人

　イ　その年中に支払を受けた給与等の収入金額が2,000万円を超えるため，年末調整の対象とならなかった人

　ロ　２カ所以上から給与等の支払を受けている人で一定の人

　ハ　１カ所から給与等の支払を受けている人で，給与所得及び退職所得以外の所得の合計金額が20万円を超える人

　ニ　同族会社の役員でその会社から地代家賃等を受取っている人

③ 所得税の還付を受ける人

(4) 公的年金等に係る確定申告不要制度

　その年において公的年金等に係る雑所得を有する居住者で，その年中の公的年金等の収入金額が400万円以下であり，かつ，その年分の公的年金等に係る雑所得以外の所得金額が20万円以下である場合には確定申告をする必要はない。

(5) 準確定申告

　納税者が年の中途で死亡した場合には，相続人（包括受遺者を含む。以下「相続人等」という。）が，1月1日から死亡した日までに確定した所得金額および税額を相続の開始があったことを知った日の翌日から4か月以内に確定申告書を，死亡した者の死亡当時の納税地の所轄税務署へ提出し，納税をしなければならない。

3 納付

　確定申告書に記載された第3期分の納税額がある人は，確定申告書の提出期限（その年の翌年3月15日）までに，その記載された所得税額を国に納付しなければならない。

　ただし，確定申告により納付すべき所得税額の2分の1相当額以上を第3期の期限までに納付し，税務署長に延納の届出をすれば，その残額については，5月31日まで延納が認められる。このほかにも，延払条件付譲渡に係る所得税額の延納の特例があるが，これらの延納される所得税額については，延納期間に応じ，年利7.3%の利子税が課される。

4 延納

(1) 確定申告により納付すべき所得税の額の2分の1に相当する金額以上の所得税を，第3期の納期限（3月15日）までに国に納付し，かつ，納税地の所轄税務署長に延納届出書を提出した場合には，その残額は，その納付した年の5月31日までの期間，納付期限を延期することができる。

(2) 利子税

　(1)における利子税は，年7.3%と特例基準割合のいずれか低い率により課される。

5 還付

　所得税額の還付には次のものがあるが，確定申告をするなど所定の手続きが必要である。

① 予定納税額の還付

② 純損失の繰戻しによる還付

③ 源泉徴収税額の還付

④ 災害に基づく還付

6 修正申告と更正の請求（納税者⇒所轄税務署長）

⑴　修正申告………確定申告書を提出したあとで，申告もれになっていた所得があったり，その申告書に記載した税額に不足がある場合，純損失の金額が過大である場合，又は還付を受ける税額が過大であることがわかった場合には，その申告書について更正があるまでは修正申告書を提出して，それらの金額を訂正することができる。これを修正申告という。

⑵　更正の請求………確定申告書を提出したあとで，計算違い等一定の事由により，過大申告になっていた所得があったり，還付を受ける税額が過少であることがわかった場合には，更正の請求書を提出して，それらの金額を訂正することができる。これを更正の請求という。なお更正の請求は，法定申告期限から5年以内に限り行うことができる。

7 更正と決定（所轄税務署長⇒納税者）

⑴　更正………納税者が提出した確定申告書に記載されている所得金額などに誤りがあるときは，修正申告書の提出がない限り，税務署長は調査したところにより所得金額などを更正して，納税者に通知する。これを更正という。

　　なお，その納税者が青色申告者であるときは，帳簿書類を調査したうえ，更正理由を付記して，更正の通知をする。

⑵　決定………確定申告をしなければならない人が申告を怠った場合には，税務署長の調査によって所得金額などを決定する。これを決定という。

　　この場合，決定を受けた人は，決定通知書の発送日から1か月以内に納税しなければならない。

> （注1）更正の通知や決定の通知を受けた場合には，過少申告加算税や無申告加算税（または，これらのかわりに重加算税）などが課される。
> （注2）更正や決定に不服がある場合には税務署長に対して異議申立て，さらに異議申立ての決定に不服がある場合には，国税局長に対して審査請求を行うことができる。

8 延滞税

延納届出をせずに法定納期限までに納付しなかった税額等については，法定期限の翌日から完納日までの期間に応じ，原則として年14.6%の延滞税がかかる。

9 加算税

加算税としては，過少申告加算税，無申告加算税，重加算税がある。

　平成25年1月1日から令和19年12月31日までにおいて所得税の納税義務がある個人は，所得税に併せて復興特別所得税（所得税額×2.1%）を納付しなければならない。

　なお復興特別所得税の申告は，所得税の申告と併せて行い，申告書の提出期限までに納付も行わなければならない。

（参考）

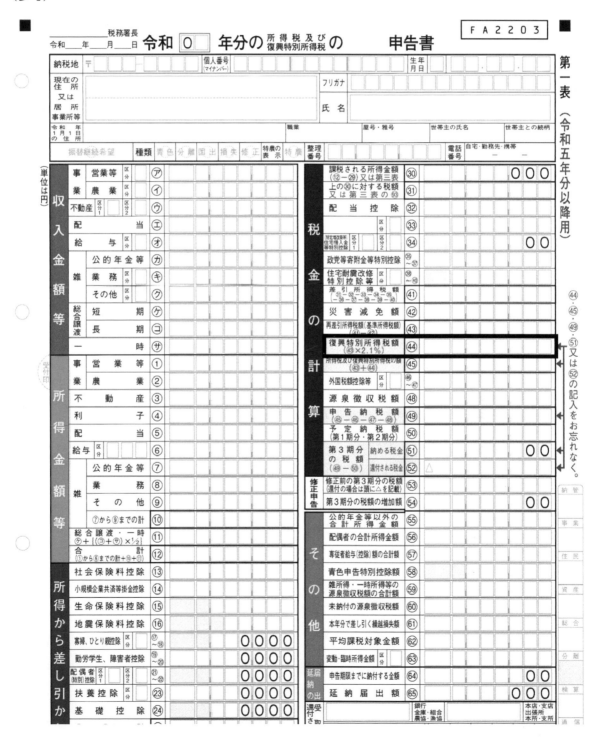

第 **8** 章　源泉所得税

　所得税は，所得者自身が，その年の所得金額とこれに対する税額を計算し，これらを自主的に申告して納付する，いわゆる「申告納税方式」が採用されているが，これと併せて一部の所得については，その所得の支払の際に支払者が所得税を徴収して納付する「源泉徴収制度」が採用されている。この源泉徴収税額は，所得を支払者が，その所得を支払う際に一定の方法により所得税額を計算し，支払金額からその所得税額を差引いて，支払者（源泉徴収義務者）の所轄税務署へ納付するというものである。また，復興特別所得税においても同様である。この制度により源泉徴収された所得税及び復興特別所得税の額は，源泉徴収だけで納税義務が完結する源泉分離課税とされる利子所得などを除き，最終的にはその年の年末調整や確定申告によって精算されることとなる。

(1)　利子所得　　15.315%（5%）
(2)　配当所得
　①　上場株式等　　15.315%（個人5%）
　②　非上場株式等　　20.42%（なし）
(3)　給与所得
　①　月次徴収　源泉徴収税額表
　②　年末調整　所得税の速算表（住民税は賦課決定）
(4)　事業所得，譲渡所得，雑所得または一時所得
　①　原稿料等，工業所有権，著作権等の使用料，講演料
　②　弁護士，公認会計士，税理士，社会保険労務士，弁理士，司法書士，測量士，建築士等の報酬等（行政書士は対象外）
　③　社会保険診療報酬
　④　職業野球選手，外交員，集金人，プロサッカー選手，レーサー，電力量計の検診人等の報酬，賞金
　⑤　映画や演劇の出演，演出，芸能人の報酬
　⑥　役務提供により一時に取得する契約金
　⑦　生命保険契約に基づく年金
　　＜税率＞
　　同一人につき，1回に支払われる金額
　　　100万円以下の部分　10.21%
　　　100万円超の部分　20.42%
　　ただし，以下の者に該当する場合には，一定金額を控除した残額に一律に10.21%
　　㈠　司法書士，測量士　1回1万円
　　㈡　社会保険診療報酬　1月20万円
　　㈢　外交員，集金人等　1月12万円
　　㈣　プロボクサー　1回5万円
　　㈤　生命保険契約等に基づく年金　年金に応ずる払込保険料
　⑧　次に掲げるもの
　　㈠　定期積金等の給付補填金
　　㈡　抵当証券による利息
　　㈢　金貯蓄口座による利息

㈁　外貨建の預貯金に係る為替差益

　　　㈬　保険期間が 5 年以下である一時払養老保険等の差益

　　　㈭　懸賞金付預貯金等の懸賞金等

　　⑨　源泉徴収ありを選択した上場株式等に係る譲渡所得等

　　　　＜税率＞　15.315%（5%）

　⑸　雑所得

　　①　特定の割引債の償還差益　原則 15.315%

　　②　公的年金等

　　　㈠　公的年金等の支払額が以下の場合には，源泉徴収はない。

　　　　65 歳以上の場合　158 万円

　　　　65 歳未満の場合　108 万円

　　　㈡　公的年金等に係る扶養親族等の申告書を提出した場合

　　　　社会保険料及び基礎控除額や配偶者控除等を控除した残額に対し 5.105%

　　　㈢　上記以外

　　　　社会保険料及び基礎控除額を控除した残額に対し 5.105%

第 **9** 章 練習問題

第 1 問　損益通算の対象となる不動産所得の金額(1)

　居住者甲の次の資料に基づき、損益通算の対象となる不動産所得の損失の金額を計算しなさい。

＜資料＞

1．甲は令和 6 年 3 月に一戸建住宅及びその敷地を 77,000,000 円で購入し、同月から貸家の用に供している。

　　この一戸建住宅及びその敷地の購入資金はすべて銀行からの借入金によっており、建物部分の取得価額は 25,000,000 円、土地部分の取得価額は 52,000,000 円である。

2．この一戸建住宅及びその敷地の貸付に関する資料は、次のとおりである。

　(1) 総収入金額　　　　4,121,000 円

　(2) 必 要 経 費　　　　6,481,000 円

　　このうち 2,310,000 円は、一戸建住宅及びその敷地の購入に係る銀行借入金の利子である。

第 2 問　損益通算の対象となる不動産所得の金額(2)

　居住者甲の次の資料に基づき、損益通算の対象となる不動産所得の損失の金額を計算しなさい。

＜資料＞

1．甲は令和 6 年 6 月に貸家及びその敷地を 135,000,000 円で購入し、同月から貸家の用に供している。この貸家及びその敷地の購入資金はすべて銀行からの借入金によっており、建物部分の取得価額は 65,000,000 円、土地部分の取得価額は 70,000,000 円である。

2．上記貸家及びその敷地の貸付に関する資料は、次のとおりである。

　(1) 総収入金額　　　　5,600,000 円

　(2) 必 要 経 費　　　　7,800,000 円

　　このうち 2,700,000 円は、貸家及びその敷地の購入に係る銀行借入金の利子である。

第3問　中古資産に係る減価償却費

　　製造業を営む居住者甲は、令和6年中に中古資産を取得し、事業の用に供している。次の資料に基づき、取得した中古資産に係る令和6年分の減価償却費の額を計算しなさい。

＜資料＞

1．甲が令和6年中に取得し、事業の用に供した中古資産は次のとおりである。

中古資産	事業供与日	取得価額	法定耐用年数	経過年数
機　　　械	令和6年4月26日	2,000,000円	10年	8年
工　　　具	令和6年8月23日	750,000円	6年	3年

　(1) 機械は、取得後改良費4,000,000円を支出し、その後事業の用に供したものである。
　　　なお、機械の新品での再取得価額は5,000,000円である。

　(2) 工具は、取得後直ちに事業の用に供したもので、支出した改良費はなかった。

2．甲は機械及び工具の償却方法として定額法を選定している。

3．定額法の償却率は次のとおりである。

耐用年数	2年	3年	4年	5年	6年	7年	8年	9年	10年
償　却　率	0.500	0.334	0.250	0.200	0.167	0.143	0.125	0.112	0.100

第4問　資産損失の金額

　　居住者甲は物品販売業を営んでいる。本年9月15日に甲の物品販売業に利用している商品倉庫が火災のため全焼した。次の資料に基づき、当該商品倉庫について令和6年分の事業所得の計算上、経費の額に算入すべき減価償却費の金額、資産損失の金額を計算しなさい。

＜資料＞

1．商品倉庫の取得価額（取得・事業供用日）　　　　8,100,000円（平成29年5月5日）

2．商品倉庫の耐用年数…15年（定額法0.067　定率法0.133）

3．商品倉庫に係る年初未償却残高　　　　　　　　5,024,700円

4．商品倉庫の火災により受けた保険金の額　　　　3,500,000円

第 5 問　事業所得に係る貸倒引当金繰入額・貸倒損失

　物品販売業を営む居住者甲の令和 6 年分の事業所得に係る貸倒引当金繰入額、必要経費の額に算入される貸倒損失額、貸倒引当金戻入額を計算しなさい。

＜資料＞

事業債権の年末残高は次の通りである。

1．売掛金　　　　　　　　　　　　　　　　　　　　　　　　4,950,000 円

　　上記金額には、下記の金額が含まれている。

　①　相互取引をしており買掛金が 450,000 円ある I 社に対するもの　250,000 円

　②　会社更生計画認可の決定により切捨てられた H 社に対するもの　　200,000 円

2．受取手形　　　　　　　　　　　　　　　　　　　　　　　1,800,000 円

　①　上記金額には、本年 12 月 20 日に手形交換所において取引停止処分を受けている J 社に対するもの 500,000 円が含まれている。

　②　上記金額には、銀行で割引したもので年末現在決済日が到来していないもの 700,000 円が含まれていない。

3．商品仕入れに係る前渡金　　　　　　　　　　　　　　　　1,450,000 円

4．貸付金　　　　　　　　　　　　　　　　　　　　　　　　7,000,000 円

　　上記金額の内訳は、次のとおりである。

　①　得意先 F 社に対する貸付金　　　　　　　　　　　　　3,500,000 円

　②　甲の友人である G に対するもの　　　　　　　　　　　3,500,000 円

5．平成 27 年及び平成 28 年における売掛金等に関する資料

　①　売掛金等の債権合計額　　　　　　　　　　　　　　　6,822,000 円

　②　①のうち実質的に債権とみられないものの合計額　　　　220,000 円

6．前年において貸倒引当金として繰入れられた金額　　　　　630,000 円

第6問　退職所得(1)

　次の資料に基づき、居住者甲の令和6年分の退職所得の金額を計算しなさい。なお、資料の金額のうち、所得税の源泉徴収の対象となるものは、すべて源泉徴収税額控除前の金額である。

＜資料＞

1．A株式会社を退職する際（甲は退職時、同社の役員等ではない）に支給を受けた金額

　(1) 退　職　金　　　　24,000,000 円

　(2) 退 職 功 労 金　　　600,000 円

　　　これは、甲の在職期間中の功績に対するもので、賞与には該当しない。

　(3) 転居に伴う支度金　　　200,000 円

　　　これは、甲の退職に伴う転居費用に充てられるためのもので、通常必要と認められる金額である。

2．B株式会社を退職する際（甲は退職時、同社の役員等ではない）に支給を受けた退職金
　　　　　　　　　　2,000,000 円

3．勤続期間

　(1) A株式会社　昭和62年(1987年)4月1日～令和6年(2024年)1月31日

　(2) B株式会社　平成27年(2015年)7月1日～令和6年(2024年)9月30日

第7問　退職所得(2)

　次の資料に基づき、居住者甲の令和6年分の退職所得の金額を計算しなさい。なお、資料の金額のうち、所得税の源泉徴収の対象となるものは、すべて源泉徴収税額控除前の金額である。

＜資料＞

1．A株式会社を退職する際（甲は退職時、同社の役員等ではない）に支給を受けた金額

　(1) 退　職　金　　　　21,759,000 円

　(2) 退 職 功 労 金　　　1,000,000 円

　　　これは、甲の在職期間中の功績に対するもので、賞与には該当しない。

　(3) 転居に伴う支度金　　　150,000 円

　　　これは、甲の退職に伴う転居費用に充てられるためのもので、通常必要と認められる金額である。

2．B株式会社を退職する際（甲は退職時、同社の役員等ではない）に支給を受けた退職金
　　　　　　　　　　2,000,000 円

3．勤続期間

　(1) A株式会社　平成2年(1990年)6月1日～令和6年(2024年)5月31日

　(2) B株式会社　平成31年(2019年)4月1日～令和6年(2024年)9月30日

第 8 問　退職所得(3)

　次の資料に基づき、居住者甲の令和 6 年分の退職所得の金額を計算しなさい。なお、資料の金額のうち、所得税の源泉徴収の対象となるものは、すべて源泉徴収税額控除前の金額である。

＜資料＞

1．A 株式会社を退職する際（甲は退職時、同社の役員等ではない）に支給を受けた金額

　(1) 退　職　　金　　　　　　4,700,000 円

　(2) 退 職 功 労 金　　　　　　　50,000 円

　　　これは、甲の在職期間中の功績に対するもので、賞与には該当しない。

　(3) 転居に伴う支度金　　　　250,000 円

　　　これは、甲の退職に伴う転居費用に充てられるためのもので、通常必要と認められる金額である。

2．勤続期間

　令和 3 年(2021 年)5 月 1 日～令和 6 年(2024 年)3 月 31 日

第 9 問　退職所得(4)

　次の資料に基づき、各設問に答えなさい。

〔設問 1〕居住者甲の令和 6 年(以下「本年」という。)分の退職所得の金額を計算しなさい。

〔設問 2〕A 株式会社及び B 株式会社が源泉徴収すべき所得税及び復興特別所得税の額を計算しなさい。

[資　料]

1．甲は、令和 2 年 8 月に就職し、引き続き勤務していた A 株式会社を本年 9 月に退職し、退職手当金として 6,000,000 円を受領している。

　　なお、甲は同社に「退職所得の受給に関する申告書」を適法に提出している。

2．甲は、平成 8 年 3 月に就職し、引き続き勤務していた B 株式会社を本年 10 月に退職し、退職手当金として 19,000,000 円を受領している。

　　なお、甲は同社に、本年中に A 株式会社から支給を受けた退職手当金の額、その勤続期間、源泉徴収税額等を適法に記載した「退職所得の受給に関する申告書」を提出している。

3．甲はいずれの会社の役員にも該当していない。

[税額速算表]

課　税　所　得　金　額		税　率	控　除　額
1,950,000 円以下		5%	—
1,950,000 円超	3,300,000 円以下	10%	97,500 円
3,300,000 円超	6,950,000 円以下	20%	427,500 円
6,950,000 円超	9,000,000 円以下	23%	636,000 円
9,000,000 円超	18,000,000 円以下	33%	1,536,000 円
18,000,000 円超	40,000,000 円以下	40%	2,796,000 円
40,000,000 円超		45%	4,796,000 円

第10問　山林所得

居住者甲は、令和 6 年中に次の山林を譲渡（譲渡価額は譲渡時の価額（時価）相当額である。）している。次の資料に基づき、居住者甲の令和 6 年分の山林所得の金額を計算しなさい。

＜資料＞

資産	植林日・取得日	植林・取得費	管理・育成費	伐採・譲渡費用	譲渡日	譲渡価額
山林A	平成 16 年 2 月 8 日	1,760,000 円	8,432,000 円	1,000,000 円	令和 6 年 2 月 7 日	22,000,000 円
山林B	令和 4 年 6 月 15 日	1,923,000 円	645,300 円	500,000 円	令和 6 年 11 月 9 日	3,630,000 円

(注) 甲の山林経営は事業とは認められない。

第11問　譲渡所得(1)

居住者甲は、次の資産を令和 6 年中に譲渡（譲渡価額は譲渡時の価額（時価）相当額である。）している。同年分の譲渡所得の金額を計算しなさい。

なお、土地A及びBの譲渡は一般の譲渡であり、軽減税率が適用されるものではない。

＜資料＞

(1) 土地A（取得日：平成 17 年 6 月 15 日、譲渡日：令和 6 年 2 月 7 日）

　① 取得価額　11,380,000 円　② 譲渡費用　1,620,000 円

　③ 譲渡価額　16,000,000 円

(2) 骨とう品（取得日：令和 2 年 8 月 6 日、譲渡日：令和 6 年 5 月 25 日）

　① 取得価額　3,500,000 円　② 譲渡費用　100,000 円

　③ 譲渡価額　4,847,600 円

(3) 書画（取得日：平成 19 年 8 月 4 日、譲渡日：令和 6 年 8 月 23 日）

　① 取得価額　3,250,000 円　② 譲渡費用　150,000 円

　③ 譲渡価額　4,550,000 円

(4) 土地B（取得日：令和 2 年 1 月 30 日、譲渡日：令和 6 年 12 月 24 日）

　① 取得価額　9,500,000 円　② 譲渡費用　500,000 円

　③ 譲渡価額　13,000,000 円

(5) 上記の他に、本年中に事業用車両A（令和 3 年 9 月 3 日取得・事業供用）を 600,000 円で売却している。事業用車両Aの未償却残高が 1,647,900 円であり、譲渡日までの減価償却費は 150,300 円である。

第 12 問　譲渡所得(2)

次の設問につき、各居住者の令和 6 年(以下「本年」という。)分の課税所得金額を最も有利となるように計算しなさい。なお、所得控除等について考慮する必要は無い。

1. 居住者丙は居住の用に供していた土地と家屋を、本年 8 月に 61,200,000 円で譲渡し、同年 10 月に 38,700,000 円で土地付き建物を購入し、居住の用に供している。

譲渡資産に関する資料は次のとおりである。なお、居住用財産の譲渡所得の特別控除の特例(措置法第 35 条)の要件は満たしている。

<資　料>

	所有期間	取得費	譲渡金額	譲渡経費
建　物	4 年	9,550,000 円	13,200,000 円	1,224,000 円（土地及び建物に共通して発生した費用）
土　地	25 年	11,450,000 円	48,000,000 円	

2. 居住者丁は、本年 4 月の父の死亡により、父が生前一人で居住していた家屋及び敷地(いずれも昭和 56 年 4 月に父が取得)を単純承認による相続で取得したが、直ちにその家屋を取り壊した上で敷地を 35,000,000 円で譲渡している。なお、被相続人の居住用財産(空き家)に係る譲渡所得の特別控除の特例(措置法第 35 条 3 項)の要件は満たしている。

取り壊した家屋(被相続人居住用家屋等に該当する。)の取得費相当額は 3,301,000 円、取り壊し費用は 2,200,000 円であり、敷地の取得費は 6,500,000 円、譲渡費用は 132,000 円である。

また、父の相続において相続人は丁のみであり、相続税 600,000 円を納付している。(相続税の課税価格は 42,000,000 円、譲渡した敷地の相続税評価額は 28,000,000 円である。)

第 13 問　固定資産の交換の場合の譲渡所得の特例(1)

居住者甲は、令和 6 年 7 月 24 日に土地の交換を行っている。この交換に関する次の資料に基づき、所得税法 58 条《固定資産の交換の場合の譲渡所得の特例》の適用を受ける場合の譲渡所得の金額を計算しなさい。

<資料>

1. 交換により譲渡した土地は、甲が平成 21 年 6 月 3 日に取得したもので、取得費相当額は 32,000,000 円、交換時の価額(時価)は 40,000,000 円である。

2. 交換により取得した土地は、交換の相手方が数年前に取得したものであり、交換時の価額(時価)は 46,000,000 円である。なお、相手方はこの土地を交換目的で取得したものではない。

3. この交換に際し甲は、交換した土地の価額の差額として 6,000,000 円を支払った。

4. 甲は、譲渡費用として 1,760,000 円を支出している。

5. 甲は、交換により取得した土地を、交換により譲渡した土地の譲渡直前の用途と同一の用途に供している。

第14問　固定資産の交換の場合の譲渡所得の特例(2)

　居住者甲は、令和6年5月25日に土地の交換を行っている。この交換に関する次の資料に基づき、所得税法58条《固定資産の交換の場合の譲渡所得の特例》の適用を受ける場合の譲渡所得の金額を計算しなさい。

＜資料＞

1．交換により譲渡した土地は、甲が平成26年8月13日に取得したもので、取得費相当額は46,000,000円、交換時の価額(時価)は60,000,000円である。

2．交換により取得した土地は、交換の相手方が数年前に取得したものであり、交換時の価額(時価)は50,000,000円である。なお、相手方はこの土地を交換目的で取得したものではない。

3．この交換に際し、甲は、交換した土地の価額の差額として10,000,000円を受け取っている。

4．甲は、譲渡費用として1,600,000円を支出している。

5．甲は、交換により取得した土地を、交換により譲渡した土地の譲渡直前の用途と同一の用途に供している。

第15問　一時所得、雑所得

　次の設問につき、各居住者のそれぞれの所得の区分を示し、令和6年(以下「本年」という。)分の所得の金額を計算しなさい。

1．居住者甲は本年中に下記の生命保険について満期が到来したことにより下記のとおり保険金を受けとった。ただし、受取人はすべて甲となっているが、C社生命保険についてのみ払込人と受取人が異なっており、父が保険料を支払っていた。

　また、本年中に下記の保険について剰余金の分配を受けているが、A社生命保険、C社生命保険については満期保険金とともに受取り、B社生命保険については満期日前に受け取っているものである。

	支払保険料の総額	保険金	分配を受けた剰余金
(A) A社生命保険	1,730,000円	2,158,000円	142,000円
(B) B社生命保険	2,430,000円	2,448,000円	160,000円
(C) C社生命保険	766,000円	524,000円	10,000円

2．居住者乙は、本年中にD社の生命保険年金を剰余金分配とともに受け取り、962,020円の入金があった。これは、剰余金分配の45,000円が含まれ、源泉徴収税額27,980円が差し引かれた残金であった。この年金についての受給総額は9,450,000円、乙が負担した保険料の総額は6,657,349円である。

第 16 問　雑所得(1)

居住者甲に関する令和 6 年分における次の資料に基づき、同年分の雑所得の金額を計算しなさい。

<資料>

1．甲は、生命保険契約に基づく年金 420,000 円(源泉徴収された税額はなかった。)を受け取っている。この年金の支給総額は、6,300,000 円であり、甲が負担した保険料の総額は 5,010,000 円である。なお、生命保険契約期間中の剰余金等の分配はなかった。

2．甲は、自ら取得した特許権を使用させたこと（事業と称するに至らない程度の規模である。）により 538,740 円を受け取っている。この金額は、源泉徴収税額 61,260 円（復興特別所得税を含む。）控除後の手取額である。なお、この収入に係る経費は 184,000 円である。

3．甲は、通勤途中に遺失物を拾得し、報労金 100,000 円を取得している。

4．甲は、令和 2 年 2 月に 1,140,100 円で取得した山林を令和 6 年 11 月に 3,430,000 円で譲渡している。この山林の管理・育成費用は 725,300 円、伐採・譲渡費用は 64,600 円であった。なお、甲の山林経営は事業と称するには至らない程度の規模である。

5．甲は、友人に 500,000 円を貸し付けていたが、令和 6 年初頭においてその貸付金元本及び令和 4 年分の利息 5,000 円（令和 5 年分の雑所得の金額の計算上総収入金額に算入されている。）が回収不能となっている。

第 17 問　雑所得(2)

居住者甲に関する令和 6 年分（以下「本年」という。）における次の資料に基づき、本年分の雑所得の金額を計算しなさい。

<資料>

1．甲は、友人に 700,000 円を貸し付けていたが、本年においてその貸付金元本及び前年分の利息 14,000 円（前年分の雑所得の金額の計算上総収入金額に算入されている。）が回収不能となっている。

2．甲は、自ら取得した特許権を使用させたこと（事業と称するに至らない程度の規模である。）により 480,000 円(源泉所得税及び復興特別所得税 49,008 円を控除する前の金額)の収入があった。なお、この収入に係る必要経費の額は 183,000 円である。

3．甲は、生命保険契約に基づく年金 300,000 円(源泉徴収された金額はなかった。)を受け取っている。この年金の支給総額は、4,500,000 円であり、甲が負担した保険料の総額は 3,600,000 円である。なお、生命保険契約期間中の剰余金の分配はなかった。

4．甲は、通勤途中に遺失物を拾得し、報労金 100,000 円を取得した。

5．甲は、令和 2 年 3 月に 1,200,000 円で取得した山林を本年 8 月に 2,500,000 円で譲渡している。この山林の管理・育成費用は 750,000 円、伐採・譲渡費用は 80,000 円であった。なお、甲の山林経営は事業と称するには至らない程度の規模である。

第18問　雑損控除(1)

次の資料に基づき、居住者甲の令和 6 年分の雑損控除の額を計算しなさい。

＜資料＞

1．本年5月8日に甲所有の居住用家屋に窃盗犯が侵入し、現金 5,400,000 円が盗難されている。甲は警察へ被害届を提出しているが、本年末日現在、犯人は検挙されておらず、盗難された現金は回収不能と認められる。

2．本年9月1日に甲所有の居住用家屋が火災により損害を被っているが、これに関する資料は次の通りである。なお、この火災の後片付け費用として 200,000 円を支出している。

被災資産	取得価額	被災直前の原価	被災直前の価額	被災直後の価額	受取保険金
居住用家屋	17,000,000 円	11,600,000 円	10,000,000 円	4,000,000 円	6,000,000 円
生活用動産	4,000,000 円	1,400,000 円	900,000 円	0 円	700,000 円

3．本年分の課税標準額は 31,251,902 円である。

第19問　雑損控除(2)

次の資料に基づき、令和 6 年（以下「本年」という。）の火災により焼失した居住用家屋及び家財に係る雑損控除額を計算しなさい。

＜資料＞

1．住宅の損失額

　（1）損失発生直前の住宅の時価　　　　　24,900,000 円

　（2）保険会社から受け取った保険金　　　24,000,000 円

2．家財の損失額

　（1）損失発生直前の家財の時価　　　　　3,100,000 円

　（2）保険会社から受け取った保険金　　　2,500,000 円

3．上記住宅及び家財の取壊し及び除却のための費用として 450,000 円を支出している。

4．本年分の課税標準の合計額は 19,120,000 円である。

第 20 問　医療費控除

次の資料に基づき、居住者甲の令和 6 年 (以下「本年」という) 分の医療費控除額を計算しなさい。

＜資料＞

1．甲の本年分の課税標準額の合計額　　　　　　　　　　　　　　　　　　5,637,000 円

2．本年中に甲が支出した医療費等は、次のとおりである。

(1) 甲に係るもの

① 内臓疾患に係る入院費用　　　　　　　　　　　　　　　　　371,000 円

このうち 150,000 円は、本年 1 月 6 日に支払った令和 5 年 12 月に係るものである。なお、内臓疾患は退院時 (本年 2 月) に完治している。

② 本年 11 月に行った宿泊を伴う人間ドックの費用　　　　　　1,500,000 円

なお、重大な疾病は発見されなかった。

(2) 甲と生計を一にする親族に係るもの

① 甲の母の外科治療代　　　　　　　　　　　　　　　　　　164,500 円

② 妻の歯科治療代(保険外診療、治療のために必要と認められるもの)　　64,500 円

③ 次女の美容整形に係る費用 (治療のために必要とは認められないもの)　110,000 円

(3) 甲と別生計の長男の負傷に係る治療代　　　　　　　　　　　　　500,000 円

第 21 問　生命保険料控除額及び地震保険料控除額

次の資料に基づき、居住者甲の令和 6 年分の生命保険料控除額及び地震保険料控除額を計算しなさい。

＜資料＞

甲は本年中に家計費から次の支出をしている。

① 新契約に係る一般生命保険料　　　　　90,000 円

② 旧契約に係る一般生命保険料　　　　　105,000 円

③ 介護医療保険料　　　　　　　　　　　68,000 円

④ 旧契約に係る個人年金保険料　　　　　90,000 円

⑤ 不動産所得に生ずる建物に係る火災保険料の額 75,000 円 (うち地震保険料 45,000 円)

⑥ 居住用家屋に係る火災保険料 25,000 円 (うち地震保険料 5,000 円)

第22問　寄附金控除(1)

次の資料に基づき、居住者甲の令和6年分の寄附金控除額を計算しなさい。

＜資料＞

1．甲の令和6年分の課税標準の内訳は次のとおりである。

(1) 総所得金額	4,500,000円
(2) 山林所得金額	1,500,000円

2．甲が令和6年中に支出した寄附金の内訳は次のとおりである。

(1) 地方公共団体に対する寄附金	300,000円
(2) 独立行政法人日本学生支援機構に対する寄附金	250,000円
(3) 日本赤十字社に対する寄附金	152,000円
(4) 甲の次女が私立大学に入学する際に支出した寄附金	50,000円

この寄附は入学の条件になっているものである。

(5) 神社の祭礼に係る寄附金	80,000円

第23問　寄附金控除(2)

次の資料に基づき、居住者甲の令和6年分の寄附金控除額を計算しなさい。

＜資料＞

1．甲の令和6年分の課税標準の内訳は次のとおりである。

(1) 総所得金額	7,000,000円
(2) 短期譲渡金額の金額	4,000,000円

2．甲が令和6年中に支出した寄附金の内訳は次のとおりである。なお、下記寄付により特別の利益が甲に及ぶと認められるものはない。

(1) 独立行政法人日本学生支援機構に対する寄附金	300,000円
(2) 神社の祭礼に係る寄附金	50,000円
(3) 地方公共団体に対する寄附金	700,000円
(4) 日本赤十字社に対する寄附金	500,000円
(5) 甲の長女が大学に入学する際に支出した寄附金	1,000,000円
(6) 社会福祉法人に対する寄附金	1,000,000円

ただし、本年12月28日に申し込みをし、実際に支払ったのは翌年1月4日である。

第 24 問　人的控除及び基礎控除

　次の資料に基づき、事業を営む居住者甲の令和 6 年分の障害者控除額、配偶者控除額、扶養控除額、基礎控除額を計算しなさい。

＜資料＞

1．本年末日現在甲と生計を一にし、かつ同居する親族は次のとおりである。

（続柄）	（年齢）	
妻	54 歳	青色事業専従者、青色事業専従者給与 840,000 円あり
長女	20 歳	アルバイト給与収入 690,000 円あり
次女	15 歳	甲の事業を手伝ったことによる収入 120,000 円あり
妻の父	82 歳	年金生活者、老齢年金収入 900,000 円あり
妻の母	81 歳	障害年金 1,600,000 円あり、障害者（特別障害者に該当する）

2．居住者甲の所得金額

　　合計所得金額　　25,000,000 円

　　総所得金額等　　23,900,000 円

第 25 問　損失の取扱い

　次に掲げる各損失の所得税法上の取扱いについて、該当するものを下掲から選択しなさい。

1．居住の用に供していた住宅が自然災害により倒壊した。

2．土地の譲渡にともない、契約に基づき土地の上に存在していた建物を取り壊したときの損失

3．事業関係者ではない友人に対する貸付金の貸倒による損失

4．得意先に対する売掛金の貸倒による損失

5．生活用として使用していた時価 160 万円の骨とう品の盗難による損失

イ．その年分の事業所得の金額の計算上必要経費に算入する。

ロ．その年分の雑所得の金額を限度として、その年分の雑所得の金額の計算上必要経費に算入する。

ハ．その年分の雑損控除の対象となる。

ニ．その年分の譲渡所得の金額の計算上控除する譲渡に要した費用

ホ．その年分又はその翌年分の譲渡所得の金額の計算上控除すべき金額とみなす。

第26問　平均課税の適用(1)

次の資料に基づき、平均課税の適用の有無を判定し、その適用があると認められる場合には、平均課税を適用した場合の所得税額を求めなさい。

＜資料＞

1. 本年分の総所得金額　　　　　　　　　　　　　　17,123,000 円

2. 上記1. に含まれる変動所得の金額　　　　　　　　1,895,000 円

　　なお、前年分の変動所得の金額は 2,741,000 円、前々年分の変動所得の金額は 600,000 円である。

3. 上記1. に含まれる臨時所得の金額　　　　　　　　7,170,000 円

4. 所得控除の合計額　　　　　　　　　　　　　　　3,521,000 円

5. 税額速算表

課税所得金額		税率	控除額
1,950,000 円以下		5%	－
1,950,000 円超	3,300,000 円以下	10%	97,500 円
3,300,000 円超	6,950,000 円以下	20%	427,500 円
6,950,000 円超	9,000,000 円以下	23%	636,000 円
9,000,000 円超	18,000,000 円以下	33%	1,536,000 円
18,000,000 円超	40,000,000 円以下	40%	2,796,000 円
40,000,000 円超		45%	4,796,000 円

第27問　平均課税の適用(2)

次の資料に基づき、平均課税の適用の有無を判定し、その適用があると認められる場合には、平均課税を適用した場合の所得税額を求めなさい。

＜資料＞

1. 本年分の総所得金額　　　　　　　　　　　　　　38,457,329 円

2. 上記1. に含まれる変動所得の金額　　　　　　　　3,151,349 円

　　なお、前年分の変動所得の金額は 2,153,400 円、前々年分の変動所得の金額は 697,000 円である。

3. 上記1. に含まれる臨時所得の金額　　　　　　　　22,421,701 円

4. 所得控除の合計額　　　　　　　　　　　　　　　3,417,470 円

第 28 問　配当所得及び配当控除額

　次の資料に基づき、居住者甲の令和 6 年分の配当所得及び配当控除額を計算しなさい。なお、配当に関しては、総合課税を選択するものとする。

＜資料＞

課税総所得金額等	21,526,000 円
Ａ社（非上場）からの剰余金の配当	127,328 円（源泉所得税控除後の金額）
Ａ社株式取得のための借入金利子	31,200 円

第 29 問　総合問題

　次の資料は，物品販売業を営む居住者乙（年齢 52 歳）の令和 6 年（以下「本年」という。）分の所得税の確定申告に関するものである。

　この資料に基づき，乙の本年分の所得税の確定申告において納付すべき所得税額を最も有利になるようその計算過程を明らかにして求めなさい。

　なお，解答に当たっては，消費税について考慮する必要はなく、当該申告書の提出は、電子申告（e-Tax）の方法により行う予定である。

［資料 1 ］

乙が作成した物品販売業に関する損益計算書は，次のとおりである。

損 益 計 算 書
自令和 6 年 1 月 1 日　至令和 6 年 12 月 31 日　　　（単位：円）

科　　目	金　　額	科　　目	金　　額
年初商品棚卸高	1,656,000	当年商品売上高	52,545,000
当年商品仕入高	32,992,000	年末商品棚卸高	1,750,000
営　業　費	9,325,000	雑　収　入	7,700,000
青色専従者給与	2,900,000	貸倒引当金戻入	260,000
当　年　利　益	15,382,000		
	62,255,000		62,255,000

付 記 事 項

項目 1 ．乙は，開業した平成 19 年分以後引き続き青色申告書の提出の承認を受けているが，棚卸資産の評価方法及び減価償却資産の償却方法については何らの届出も行っていない。

項目 2 ．乙は，所定の帳簿書類を備え付け，すべての取引を正規の簿記の原則にしたがって記録し，これに基づいて作成した貸借対照表及び損益計算書を確定申告書に添付することとしている。

項目 3 ．当年商品売上高につき次のことが判明した。

(1) 当年商品売上高のうち 150,000 円は，乙の営む事業とは関係のない友人Ａに販売した商品に係る

ものである。なお，この商品の仕入価額は 200,000 円，通常の販売価額は 280,000 円である。

(2) 当年商品売上高のうち 700,000 円は，広告宣伝の一環として一般の顧客に販売した商品に係るものである。なお，この商品の仕入価額は 600,000 円，通常の販売価額は 900,000 円である。

(3) 当年商品売上高のうち 950,000 円は，本年 12 月 29 日に得意先 B 商店から注文を受け，令和 6 年 1 月 20 日に引き渡した商品に係るものである。

(4) 乙が家事のために消費した商品（仕入価額 400,000 円，通常の販売価額 500,000 円）については，当年商品売上高に何ら計上されていない。

項目４．雑収入には次のものが含まれている。

(1) 本年５月に取得し，同月からその貸付けを行っているアパート（貸与室数：５室）に係る収入

　① 権利金収入　　　　　　　　　　　　　　　　　　　　　　　　　400,000 円

　② 敷金収入　　　　　　　　　　　　　　　　　　　　　　　　　　900,000 円

　　　敷金については，貸付期間に関係なくその２分の１相当額は返還しない契約になっている。

　③ 賃貸料収入　　　　　　　　　　　　　　　　　　　　　　　　3,000,000 円

　　　上記のほか，本年 12 月分 100,000 円が年末現在未収となっている。

(2) 仕入商品に係る空箱の売却代金　　　　　　　　　　　　　　　　　20,000 円

(3) 本年対応分の貸付金の利子収入

　① 取引先 C 社に対する貸付金の利子　　　　　　　　　　　　　　　90,000 円

　　　この貸付金は，乙の営む事業の遂行上必要なものと認められる。

　② 乙の営む物品販売業と関係ない友人 D に対する貸付金の利子　　　45,000 円

(4) 本年９月 12 日に譲渡した事業用備品 A の譲渡代金　　　　　　　　100,000 円

(5) 店舗用建物を保険目的とする損害保険契約（保険期間 10 年）の満期返戻金　2,000,000 円

　　　この満期返戻金を受けるまでに保険会社に支払った保険料の総額は 2,300,000 円（うち，積立保険料 1,000,000 円）である。

(6) 取引先 E 社株式（上場株式等でない）に係る剰余金の配当　　　　　79,580 円

　　　この金額は，源泉所得税額 20,420 円（復興特別所得税を含む。）控除後の手取額である。

(7) 人格のない社団等 F から受けた収益分配金　　　　　　　　　　　　40,000 円

(8) 事業用資産の購入に際し，景品として受けた金品収入　　　　　　　10,000 円

(9) 営業保証金　　　　　　　　　　　　　　　　　　　　　　　　　1,000,000 円

　　　これは，本年から新たに取引を開始した G 社から預かったものである。

項目５．貸倒引当金戻入は，令和５年度において必要経費に算入した金額である。

項目６．年末商品棚卸高は，年末における実地棚卸しに基づき先入先出法による取得価額により評価したものであるが，最終仕入原価法による取得価額により評価した金額は 1,800,000 円，総平均法による取得価額により評価した金額は 1,700,000 円である。

　　　なお，年末商品のなかには，陳腐化のため，今後通常の価額で販売できない商品（先入先出法による取得価額 151,000 円，最終仕入原価法による取得価額 140,000 円，総平均法による取得価額 150,500 円）が含まれており，この商品の年末時価は 40,000 円である。

項目７．営業費には，次のものが含まれている。

(1) 項目4．(1)のアパートに係る減価償却費以外の経費　　　　　　　　　　　　251,400 円

　　なお，減価償却費については，項目8．(1)を参照すること。

(2) 事業用備品Aの年初未償却残額相当額（項目4．(4)及び項目8．(3)参照）　602,375 円

(3) 項目4．(6)の取引先E社株式取得のための借入金の利子　　　　　　　　　　10,000 円

(4) 本年 10 月 15 日に支出した店舗用建物に係る修理・改良費用　　　　　　　2,300,000 円

　　上記金額のうち 500,000 円は修繕費とされるもので，残額の 1,800,000 円は資本的支出と

されるものである。

(5) 貸倒損失　　　　　　　　　　　　　　　　　　　　　　　　　　　　　　　　30,000 円

　　これは，遠方地域にある得意先H社に対する売掛金の全額について貸倒れとしたものである。

　　H社は，現在資力もあり，事業も順調に行っているが，同社に対する再三の督促にもかかわらず

弁済がないことから計上したものである。

　　なお，H社が所在する地域に他の得意先はなく，回収のための旅費等の費用は最低 75,500 円

要すると認められる。

(6) 共同アーケード設置負担金　　　　　　　　　　　　　　　　　　　　　　　270,000 円

　　これは，乙が所属する商店街の共同アーケード（法定耐用年数 15 年）建設のため，本年4月

10 日に支出したものである。

(7) 本年分所得税の予定納税額の第1期分及び第2期分　　　　　　　　　　　　159,600 円

(8) 家事関連費用　　　　　　　　　　　　　　　　　　　　　　　　　　　　　900,000 円

　　このうち 40%は家事費と認められる。

項目8．減価償却を行っていない資産は次のとおりである。下記以外の減価償却資産については適正

　　　　な減価償却費を計算し，営業費に計上している。

種　類　等	取得・事業供用日	取得価額	年初未償却残額	法定耐用年数
ア　パ　ー　ト	令和 6 年5月5日	19,000,000円	一　　　円	20 年
店 舗 用 建 物	平成 18 年4月1日	15,000,000円	4,598,250円	22 年
事 業 用 車 両	令和 4 年1月1日	2,000,000円	1,332,000円	6年
事 業 用 備 品 A	令和 2 年6月 10 日	1,500,000円	602,375円	6年
事業用備品B	令和 6 年9月 10 日	1,200,000円	一　　　円	5年

(1) アパートについては，項目4．(1)及び項目7．(1)を参照すること。

(2) 店舗用建物については，項目7．(4)を参照すること。

　　なお，資本的支出部分の減価償却費については，所得税法施行令第 127 条第1項「資本的支出

の金額を取得価額とする新たな減価償却資産を取得したものとする。」の規定を適用して計算するも

のとする。

(3) 事業用備品Aについては，項目4．(4)及び項目7．(2)を参照すること。

(4) 償却率

区　　分	5年	6年	20年	22年
旧定額法	0.200	0.166	0.050	0.046
定額法	0.200	0.167	0.050	0.046
旧定率法	0.369	0.319	0.109	0.099
250%定率法	0.500	0.417	0.125	0.114
200%定率法	0.400	0.333	0.100	0.091

項目9．青色専従者給与 2,900,000 円は，乙の営む事業に専従している乙の妻に対して支給したもので，労務の対価として相当な金額である。

　　　なお，乙が税務署長に対して提出した青色専従者給与に関する届出書に記載した金額は 2,500,000 円である。

項目 10．事業債権の年末残高は次のとおりである。

(1) 売掛金　　　　　　　　　　　　　　　　　　　　　　　　　　　　　　　　3,256,000 円

　① 上記金額には，相互取引をしており買掛金が 152,000 円ある I 社に対するもの 350,000 円が含まれている。

　② 上記金額には，得意先 B 商店に係るもの 950,000 円が含まれている。（項目3．(3) 参照）

　③ 上記金額に，貸倒損失として処理した H 社に対する 30,000 円は含まれていない。（項目7．(5) 参照）

(2) 受取手形　　　　　　　　　　　　　　　　　　　　　　　　　　　　　　　2,380,000 円

　① 上記金額には，本年 12 月 15 日に再生手続開始の申立てを行っている J 社に対するもの 480,000 円が含まれている。

　② 上記金額には，銀行で割引したもので年末現在決済日が到来していないもの 100,000 円は含まれていない。

(3) 商品仕入れに係る前渡金　　　　　　　　　　　　　　　　　　　　　　　　600,000 円

(4) 平成 27 年及び平成 28 年における売掛金等に関する資料

　① 売掛金等の債権合計額　　　　　　　　　　　　　　　　8,900,000 円

　② ①のうち実質的に債権とみられないものの合計額　　　　　423,251 円

[資料2]

　乙は，次の資産を本年中に譲渡（譲渡価額は譲渡時の価額（時価）相当額である。）している。

　なお，土地A及びBの譲渡は一般の譲渡であり，軽減税率が適用されるものではない。

(1) 美術品（取得日：平成 10 年4月 19 日，譲渡日：本年3月7日）

　① 取得価額　1,200,000 円　② 譲渡費用 300,000 円　③ 譲渡価額　3,500,000 円

(2) 土地A（取得日：令和2年 12 月 10 日，譲渡日：本年6月 23 日）

　① 取得価額 16,000,000 円　② 譲渡費用 800,000 円　③ 譲渡価額 29,000,000 円

(3) 土地B（取得日：平成19年6月15日，譲渡日：本年10月14日）

　① 取得価額　9,000,000円　② 譲渡費用 780,000円　③ 譲渡価額 20,000,000円

[資料3]

　乙は，平成14年7月に 7,000,000円で取得した山林を本年10月に 28,000,000円で譲渡している。

　この山林の管理・育成費用は 7,583,000円，伐採・譲渡費用は 1,570,000円であった。

　なお，乙の山林経営は事業とは認められない。

[資料4]

　本年10月1日に乙所有の居住用家屋が火災により損害を披っているが，これに関する資料は次のとおりである。

　なお，この火災の後かたづけ費用として 300,000円を支出している。

被災資産	取得価額	被災直前の原価	被災直前の価額	被災直後の価額	受取保険金
居住用家屋	19,000,000円	15,000,000円	16,000,000円	5,000,000円	6,000,000円
生活用動産	6,000,000円	1,700,000円	1,300,000円	0円	1,100,000円

[資料5]

　乙は，本年中に家計費から次の支出をしている。

(1) 乙及び乙と生計を一にする親族に係る医療費	562,550円
(2) 国民健康保険料，国民年金保険料及び介護保険料	920,500円
(3) 旧契約に係る一般生命保険料	100,000円
(4) 新契約に係る介護医療保険料	22,000円
(5) 新契約に係る個人年金保険料	83,000円
(6) 乙が居住する家屋を保険目的とする地震保険料	45,230円

[資料6]

　本年末現在乙と生計を一にし，かつ，同居する親族は次のとおりである。

　　（続　柄）　　　（年齢）

　　　妻　　　　46歳　　青色事業専従者

　　長　男　　　21歳　　大学生，アルバイト給与収入 900,000円あり。

　　長　女　　　17歳　　高校生，無収入，特別障害者に該当する。

[参考資料]

1．給与所得控除額（抜粋）

　　収入金額 180万円以下……収入金額×40％－10万円（55万円に満たない場合は55万円と

する。）

2. 税額速算表

課税所得金額		税　率	控　除　額
1,950,000 円以下		5%	
1,950,000 円超	3,300,000 円以下	10%	97,500 円
3,300,000 円超	6,950,000 円以下	20%	427,500 円
6,950,000 円超	9,000,000 円以下	23%	636,000 円
9,000,000 円超	18,000,000 円以下	33%	1,536,000 円
18,000,000 円超	40,000,000 円以下	40%	2,796,000 円
40,000,000 円超		45%	4,796,000 円

解　　答

第 1 問　損益通算の対象となる不動産所得の金額(1)

1．不動産所得の損失の金額

　　4,121,000 円－6,481,000 円＝△2,360,000 円

2．土地に係る借入金の利子

　　$2,310,000 円 \times (\dfrac{52,000,000 円}{77,000,000 円}) = 1,560,000 円$

3．損益通算の対象となる不動産所得の損失の金額

　　2,360,000 円－1,560,000 円＝800,000 円

第 2 問　損益通算の対象となる不動産所得の金額(2)

1．不動産所得の損失の金額

　　5,600,000 円－7,800,000 円＝△2,200,000 円

2．土地に係る借入金の利子

　　$2,700,000 円 \times (\dfrac{70,000,000 円}{135,000,000 円}) = 1,400,000 円$

3．損益通算の対象となる不動産所得の損失の金額

　　2,200,000 円－1,400,000 円＝800,000 円

第 3 問　中古資産に係る減価償却費

1．機械

(1) 耐用年数

　　支出改良費 4,000,000 円が再取得価額 5,000,000 円の 50%相当額を超えるため、適用する耐用年数は 10 年である。

(2) 減価償却費

　　$(2,000,000 円 + 4,000,000 円) \times 0.100 \times \dfrac{9}{12} = 450,000 円$

2．工具

(1) 耐用年数

　　（6 年－3 年）＋3 年×20%＝※3 年　※1 年未満の端数切捨て

(2) 減価償却費

　　$750,000 円 \times 0.334 \times \dfrac{5}{12} = 104,375 円$

第4問　資産損失の金額　資産損失の金額

1．減価償却費

$$8,100,000 \text{円} \times 0.067 \times \frac{9}{12} = 407,025 \text{円}$$

2．資産損失の金額

$$5,024,700 \text{円} - 407,025 \text{円} - 3,500,000 \text{円} = 1,117,675 \text{円}$$

第5問　事業所得に係る貸倒引当金繰入額・貸倒損失

1．貸倒引当金繰入額

(1) 個別評価

$$500,000 \text{円} \times \frac{50}{100} = 250,000 \text{円}$$

(2) 一括評価

イ．年末債権の額

$$(4,950,000 \text{円} - 200,000 \text{円}) + 1,800,000 \text{円} - 500,000 \text{円} + 700,000 \text{円}$$

$$+ 3,500,000 \text{円} = 10,250,000 \text{円}$$

ロ．実質的に債権とみられないものの額

ⅰ．原則法

$$250,000 \text{円} < 450,000 \text{円} \quad \therefore 250,000 \text{円}$$

ⅱ．簡便法

$$10,250,000 \text{円} \times \text{(注)} 0.032 = 328,000 \text{円}$$

(注) 簡便割合

$$\frac{220,000 \text{円}}{6,822,000 \text{円}} = 0.0322 \rightarrow 0.032 \quad (\text{小数点以下3位未満切捨て})$$

ⅲ．判定

$$ⅰ \leq ⅱ \quad \therefore 250,000 \text{円}$$

ハ．年末貸金の額　イ．－ロ．＝ 10,000,000 円

ニ．繰入額

$$10,000,000 \text{円} \times \frac{55}{1,000} = 550,000 \text{円}$$

(3) 小計　(1)＋(2)＝800,000 円

2．貸倒引当金戻入額　　630,000 円

3．貸倒損失　　　　　　200,000 円

第6問　退職所得(1)

1．収入金額

　24,000,000 円＋600,000 円＋2,000,000 円＝26,600,000 円

2．退職所得控除額

(1) 勤続年数

　37 年6 月　→　38 年

(2) 退職所得控除額

　8,000,000 円＋700,000 円×（38 年－20 年）＝20,600,000 円

3．退職所得の金額

$$(26,600,000 円－20,600,000 円) \times \frac{1}{2} ＝3,000,000 円$$

第7問　退職所得(2)

1．収入金額

　21,759,000 円＋1,000,000 円＋2,000,000 円＝24,759,000 円

2．退職所得控除額

(1) 勤続年数

　34 年4 月　→　35 年

(2) 退職所得控除額

　8,000,000 円＋700,000 円×（35 年－20 年）＝18,500,000 円

3．退職所得の金額

$$(24,759,000 円－18,500,000 円) \times \frac{1}{2} ＝3,129,500 円$$

第8問　退職所得(3)

1．収入金額

　4,700,000 円＋50,000 円＝4,750,000 円

2．退職所得控除額

(1) 勤続年数

　2 年11 月　→　3 年

(2) 退職所得控除額

　400,000 円×3＝1,200,000 円

3．退職所得の金額

(1) 短期退職手当等の判定

　勤続年数3 年　≦　5 年　∴短期退職手当等に該当する。

(2) 退職所得の金額

　1,500,000 円＋（4,750,000 円－1,200,000 円－3,000,000 円）＝2,050,000 円

第9問　退職所得(4)

〔設問１〕退職所得の金額

１．短期退職手当等

(1) 収入金額　　（6,000,000円）

(2) 退職所得控除額

令和2年8月〜令和6年9月→4年2ヶ月　∴5年（1年未満切上げ）

400,000円×（5年−5年）+200,000円×5年=1,000,000円

(3) 短期退職所得の金額

(1)−(2) ＞ 3,000,000円

1,500,000円+｛6,000,000円−（3,000,000円+1,000,000円）｝

=3,500,000円

２．一般退職手当等

(1) 収入金額　19,000,000円

(2) 退職所得控除額

平成8年3月〜令和6年10月→28年8ヶ月　∴29年（1年未満切上げ）

8,000,000円+700,000円×（29年−20年）=14,300,000円

14,300,000円−1,000,000円=13,300,000円

(3) 一般退職所得の金額

｛(1)−(2)｝ × $\dfrac{1}{2}$ =2,850,000円

３．１+２=6,350,000円

〔設問２〕

A株式会社源泉徴収税額

１．退職所得の金額

(1) 6,000,000円

(2) 令和2年8月〜令和6年9月→4年2ヶ月　∴5年（1年未満切上げ）

400,000円×5年=2,000,000円

(3) (1)−(2)＞3,000,000円

1,500,000円+｛6,000,000円−（3,000,000円+2,000,000円）｝

=2,500,000円

２．源泉徴収税額

2,500,000円×10%−97,500円=152,500円

152,500円×1.021=155,702円

B株式会社源泉徴収税額

6,350,000円×20%−427,500=842,500円

842,500円×1.021=860,192円

860,192円−155,702円=704,490円

第 10 問　山林所得

＜山林 A＞

1．総収入金額　22,000,000 円

2．必要経費

(1) 原則

1,760,000 円＋8,432,000 円＋1,000,000 円＝11,192,000 円

(2) 概算経費

（22,000,000 円－1,000,000 円）×50％＋1,000,000 円＝11,500,000 円

(3) 判定

(1)　＜　(2)　∴　11,500,000 円

3．所得の金額　1．－2．－500,000 円＝10,000,000 円

＜山林 B＞

5 年以内の伐採又は譲渡は山林所得に含まれない。

第 11 問　譲渡所得(1)

1．分離短期（土地 B）

13,000,000 円－（9,500,000 円＋500,000 円）＝3,000,000 円

2．総合短期（事業用車両 A、骨とう品）

(1) 総収入金額

600,000 円＋4,847,600 円＝5,447,600 円

(2) 取得費

（1,647,900 円－150,300 円＝1,497,600 円）＋3,500,000 円＝4,997,600 円

(3) 譲渡費用　100,000 円

(4) 特別控除額

① (1)－(2)－(3)＝350,000 円

② 500,000 円

③ ①　＜　② ∴　350,000 円

(5) 所得の金額　(1)－（(2)＋(3)）－(4)＝0 円

3．分離長期（土地 A）

16,000,000 円－（11,380,000 円＋1,620,000 円）＝3,000,000 円

4．総合長期（書画）

(1)　総収入金額　4,550,000 円

(2)　取得費　　　3,250,000 円

(3)　譲渡費用　　　150,000 円

(4)　特別控除額

① (1)－(2)－(3)＝1,150,000 円

② 500,000円－350,000円＝150,000円

③ ①≧②　∴　150,000円

(5) 所得の金額　(1)－((2)+(3))－(4)＝1,000,000円

第12問　譲渡所得(2)

1．居住者丙［譲渡所得］

Ⅰ．譲渡損益の計算

(1) 分離短期

13,200,000円－(9,550,000円+264,000円※)＝3,386,000円

※1,224,000円× $\dfrac{13,200,000円}{(48,000,000円+13,200,000円)}$

＝264,000円

(2) 分離長期

48,000,000円－(11,450,000円+960,000円※)＝35,590,000円

※1,224,000円× $\dfrac{48,000,000円}{(48,000,000円+13,200,000円)}$

＝960,000円

Ⅱ．課税所得金額

課税短期　3,386,000円－3,386,000円＝0円

課税長期　35,590,000円－(30,000,000円－3,386,000円)＝8,976,000円

2．居住者丁［譲渡所得］

Ⅰ．譲渡損益の計算

分離長期　35,000,000円－(6,500,000円+3,301,000円+2,200,000円

+132,000円)＝22,867,000円

Ⅱ．課税所得金額

課税長期　22,867,000円－22,867,000円＝0円

第13問　固定資産の交換の場合の譲渡所得の特例(1)

1．交換の特例適用判定

(46,000,000円－40,000,000円＝6,000,000円) ≦ (46,000,000円×20%)

＝9,200,000円

∴適用あり

2．総収入金額

40,000,000円－46,000,000円 ≦ 0円　∴譲渡所得は発生しない

第 14 問　固定資産の交換の場合の譲渡所得の特例(2)

1．交換の特例適用の判定

(60,000,000 円－50,000,000 円＝10,000,000 円)　≦　(60,000,000 円) ×20%

＝12,000,000 円)　　∴適用[あり]

2．総収入金額

60,000,000 円－50,000,000 円＝10,000,000 円

3．取得費及び譲渡費用

$(46,000,000 円＋1,600,000 円) \times \dfrac{10,000,000 円}{50,000,000 円＋10,000,000 円}$

＝7,933,333 円

4．譲渡所得の金額

10,000,000 円－7,933,333 円＝2,066,667 円

第 15 問　一時所得

1．所得区分（　一時　所得）　所得金額（　248,000 円)

（1）　総収入金額

(2,158,000 円＋142,000 円) ＋2,448,000 円＝4,748,000 円

（2）　支出した金額

1,730,000 円＋ (2,430,000 円－160,000 円) ＝4,000,000 円

（3）　特別控除額

(1) － (2) ＝748,000 円　≧ 500,000 円　∴　500,000 円

（4）

(1) － (2) － (3) ＝248,000 円

2．所得区分（　雑　所得）　所得金額（　319,050 円)

（1）　総収入金額

(962,020 円－45,000 円) ＋27,980 円＋45,000 円＝990,000 円

（2）　必要経費

{(962,020 円－45,000 円) ＋27,980 円} ×0.71 (注) ＝670,950 円

(注)　$\dfrac{6,657,349 円}{9,450,000 円}$　＝0.70448… ∴0.71（小数点 3 位以下切り上げ）

（3）

(1) － (2) ＝319,050 円

第16問　雑所得(1)

1. 総収入金額

   420,000円+（538,740円+61,260円=600,000円）+3,430,000円

   =4,450,000円

2. 必要経費

(1)　(2)以外の必要経費

   $\{ 420,000 円 \times (\dfrac{5,010,000 円}{6,300,000 円} = ※0.80) = 336,000 円 \}$

   +184,000円+（1,140,100円+725,300円+64,600円=1,930,000円）

   =2,450,000円　　　　　　　　　　　　　　　※小数点以下3位以下切 上げ

(2)　資産損失

   500,000円　＜　（4,450,000円−2,450,000円=2,000,000円）　∴500,000円

(3)　合計　(1)+(2)=2,950,000円

3. 雑所得の金額

   1. −2. =1,500,000円

第17問　雑所得(2)

1. 総収入金額

   480,000円+300,000円+2,500,000円=3,280,000円

2. 必要経費

(1)　(2)以外の必要経費

   $183,000 円 + \{ 300,000 円 \times (\dfrac{3,600,000 円}{4,500,000 円} = ※0.80) = 240,000 円 \}$

   +（1,200,000円+750,000円+80,000円=2,030,000円）=2,453,000円

   　　　　　　　　　　　　　　　　　　　　※小数点以下3位以下切 上げ

(2)　資産損失

   700,000円　＜　（3,280,000円−2,453,000円=827,000円）　∴700,000円

(3)　合計　(1)+(2)=3,153,000円

3. 雑所得の金額

   1. −2. =127,000円

第18問　雑損控除(1)

1. 損失の額

   5,400,000円+（11,600,000円−4,000,000円−6,000,000円）+

   （1,400,000円−0円−700,000円）+200,000円=7,900,000円

2. 控除額

(1)　7,900,000円－（31,251,902円×10%＝3,125,190円）＝4,774,810円

(2)　200,000円－50,000円＝150,000円

(3)　(1)　＞　(2)　∴4,774,810円

第19問　雑損控除(2)

1．損失額

（24,900,000円－24,000,000円）＋（3,100,000円－2,500,000円）
＋450,000円＝1,950,000円

2．雑損控除額

(1) 1,950,000円－19,120,000円×10%＝38,000円

(2) 450,000円－50,000円＝400,000円

(3) 38,000円　＜　400,000円　　∴400,000円

第20問　医療費控除

1．医療費の額

371,000円＋164,500円＋64,500円＝600,000円

2．足切額

（5,637,000円×5%＝281,850円）　＞　100,000円　∴　100,000円

3．医療費控除額

1．－2．＝500,000円

第21問　生命保険料控除額及び地震保険料控除額

1．生命保険料控除額

(1) 一般生命保険料

新契約　90,000円　＞　80,000円　　∴40,000円

旧契約　105,000円　＞　100,000円　　∴50,000円

40,000円　＜　50,000円　　∴50,000円

(2) 介護医療保険料

68,000円×$\frac{1}{4}$＋20,000円＝37,000円

(3) 個人年金保険料

90,000円×$\frac{1}{4}$＋25,000円＝47,500円

(4) 生命保険料控除額の計算

(1)＋(2)＋(3)＝134,500円　＞　120,000円　　∴120,000円

2．地震保険料控除額

　5,000 円

第22問　寄附金控除(1)

1．課税標準の合計額

　4,500,000 円＋1,500,000 円＝6,000,000 円

2．特定寄附金の合計額

　300,000 円＋250,000 円＋152,000 円＝702,000 円

3．寄附金控除額

(1) 702,000 円 ≦ （6,000,000 円×40%＝2,400,000 円）　∴ 702,000 円

(2) (1)−2,000 円＝700,000 円

第23問　寄附金控除(2)

1．課税標準の合計額

　7,000,000 円＋4,000,000 円＝11,000,000 円

2．特定寄附金の合計額

　300,000 円＋700,000 円＋500,000 円＝1,500,000 円

3．寄附金控除額

(1) 1,500,000 円 ≦ （11,000,000 円×40%＝4,400,000 円）　∴ 1,500,000 円

(2) (1)−2,000 円＝1,498,000 円

第24問　人的控除及び基礎控除

1．障害者控除額

　750,000 円

2．配偶者控除

　0 円

3．扶養控除額

　630,000 円＋580,000 円＋580,000 円＝1,790,000 円

4．基礎控除額

　24,500,000 円 ＜ 25,000,000 円 ≦ 25,000,000 円　∴160,000 円

第25問　損失の取扱い

1	2	3	4	5
ハ	ニ	ロ	イ	ホ

第26問　平均課税の適用(1)

1. 適用の判定

    $\underline{1,895,000}$ 円(*1)＋$\underline{7,170,000}$ 円　≧　$\underline{17,123,000}$ 円×$\underline{20}$%　　∴適用あり

    (*1)　$\underline{1,895,000}$ 円　＞　($\underline{2,741,000}$ 円＋$\underline{600,000}$ 円)×($\frac{1}{2}$)　∴ $\underline{1,895,000}$ 円

2. 課税総所得金額

    $\underline{17,123,000}$ 円－$\underline{3,521,000}$ 円＝$\underline{13,602,000}$ 円($\underline{1,000}$ 円未満切捨)

3. 平均課税対象金額

    $\underline{224,500}$ 円(*2)＋$\underline{7,170,000}$ 円＝$\underline{7,394,500}$ 円

    (*2) $\underline{1,895,000}$ 円－ ($\underline{2,741,000}$ 円＋$\underline{600,000}$ 円) ×($\frac{1}{2}$)＝$\underline{224,500}$ 円

4. 調整所得金額

    $\underline{13,602,000}$ 円－$\underline{7,394,500}$ 円×($\frac{4}{5}$)＝$\underline{7,686,000}$ 円 ($\underline{1,000}$ 円未満切捨)

5. 調整所得金額に対する税額

    $\underline{7,686,000}$ 円×$\underline{23}$%－$\underline{636,000}$ 円＝$\underline{1,131,780}$ 円

6. 平均税率

    $\underline{1,131,780}$ 円÷$\underline{7,686,000}$ 円＝$\underline{0.14}$(小数点 $\underline{3}$ 位以下切捨)

7. 特別所得金額

    $\underline{13,602,000}$ 円－$\underline{7,686,000}$ 円＝$\underline{5,916,000}$ 円

8. 特別所得金額に対する税額

    $\underline{5,916,000}$ 円×$\underline{0.14}$＝$\underline{828,240}$ 円

9. 5．＋8．＝$\underline{1,960,020}$ 円

第27問　平均課税の適用(2)

1．適用の判定

3,151,349円(注)＋22,421,701円　≧　38,457,329円×20%　　∴適用[あり]

(注)　3,151,349円　＞　（2,153,400円＋697,000円）×$\frac{1}{2}$　　∴3,151,349円

2．課税総所得金額

38,457,329円－3,417,470円＝35,039,000円（1,000円未満切捨て）

3．平均課税対象金額

1,726,149円(注)＋22,421,701円＝24,147,850円

(注)　3,151,349円－（2,153,400円＋697,000円）×$\frac{1}{2}$＝1,726,149円

4．調整所得金額

35,039,000円－24,147,850円×$\frac{4}{5}$＝15,720,000円（1,000円未満切捨て）

5．調整所得金額に対する税額

15,720,000円×33%－1,536,000円＝3,651,600円

6．平均税率

3,651,600円÷15,720,000円＝0.23（小数点3位以下切捨て）

7．特別所得金額

35,039,000円－15,720,000円＝19,319,000円

8．特別所得金額に対する税額

19,319,000円×0.23＝4,443,370円

9．所得税額

3,651,600円＋4,443,370円＝8,094,970円

第28問　配当所得及び配当控除額

1．配当所得

① 127,328円÷（1－0.2042）＝160,000円

② 31,200円

③ ①－②＝128,800円

2．配当控除額

① 21,526,000円－10,000,000円＝11,526,000円　＞　10,000,000円

② 128,800円

③ ①＞②　∴128,800円×5%＝6,440円

第 29 問　総合問題

I．各種所得の金額の計算

区　　　分	計　算　過　程
配　当　所　得 90,000 円	1．収入金額　79,580 円＋20,420 円＝100,000 円 2．負債の利子　10,000 円 3．所得の金額　1.－2.＝90,000 円
不　動　産　所　得 2,415,267 円	1．総収入金額 　400,000 円＋900,000 円× $\dfrac{1}{2}$ ＋3,000,000 円＋100,000 円 　＝3,950,000 円 2．必要経費 (1) 減価償却費 　19,000,000 円×0.050× $\dfrac{8}{12}$ ＝633,333 円 (2) その他　251,400 円 (3) 合計　(1)＋(2)＝884,733 円 3．所得の金額　1.－2.－650,000 円＝2,415,267 円
事　業　所　得 9,364,251 円	1．総収入金額 (1) 一般売上高 　52,545,000 円－150,000 円－950,000 円＝51,445,000 円 (2) 低額譲渡修正高 　150,000 円 $\underset{\textcircled{<}}{\geqq}$ （280,000 円×0.7＝196,000 円） 　（該当するものを○で囲むこと） 　∴　196,000 円 (3) 家事消費高 　400,000 円 $\underset{<}{\textcircled{>}}$ （500,000 円×0.7＝350,000 円） 　（該当するものを○で囲むこと） 　∴　400,000 円 (4) 雑収入 　7,700,000 円－400,000 円－900,000 円－3,000,000 円 　－45,000 円－100,000 円－2,000,000 円－79,580 円－40,000 円 　－1,000,000 円＝135,420 円 (5) 貸倒引当金戻入　260,000 円 (6) 合計　(1)＋(2)＋(3)＋(4)＋(5)＝52,436,420 円

2．必要経費

(1) 売上原価

　　1,656,000円＋32,992,000円－1,700,000円(注)

　　＝32,948,000円

　（注）年末商品棚卸高

　　1,800,000円－140,000円＋40,000円＝1,700,000円

(2) 営業費

　　9,325,000円－251,400円－602,375円－10,000円

　　－1,800,000円－30,000円－270,000円－159,600円

　　－900,000円×40％＝5,841,625円

(3) 貸倒損失

　　30,000円－1円＝29,999円

(4) 共同アーケード償却費

　　$270,000円 \times \dfrac{9月}{5年 \times 12月} = 40,500円$

(5) 減価償却費

① 店舗用建物　15,000,000円×0.9×0.046＝621,000円

② 店舗用建物の資本的支出部分

　　$1,800,000円 \times 0.046 \times \dfrac{3}{12} = 20,700円$

③ 事業用車両　2,000,000円×0.167＝334,000円

④ 事業用備品A　$1,500,000円 \times 0.167 \times \dfrac{9}{12} = 187,875円$

⑤ 事業用備品B　$1,200,000円 \times 0.200 \times \dfrac{4}{12} = 80,000円$

⑥ 小計　①＋②＋③＋④＋⑤＝1,243,575円

(6) 青色専従者給与　2,500,000円

(7) 貸倒引当金操入額

① 個別評価　480,000円×50％＝240,000円

② 一括評価

　イ．年末債権の額

　　3,256,000円－950,000円＋1円＋2,380,000円－480,000円

　　＋100,000円＝4,306,001円

　ロ．実質的に債権とみられないものの額

　　a．原則法　152,000円

　　b．簡便法　4,306,001円×0.047(注)＝202,382円

　　　　（注）簡便割合　$\dfrac{423,251円}{8,900,000円} = 0.04755\cdots \rightarrow 0.047$

（小数点3位未満切捨）

	c．判定　a $\underset{<}{\geqq}$ b　∴152,000 円
	（該当するものを○で囲むこと）
	ハ．年末貸金の額　4,306,001 円－152,000 円＝4,154,001 円
	ニ．繰入額　4,154,001 円×$\dfrac{55}{1,000}$＝228,470 円
	③　小計　①＋②＝468,470 円
	(8) 合計　(1)＋(2)＋(3)＋(4)＋(5)＋(6)＋(7)＝43,072,169 円
	3．所得の金額　1.－2.＝9,364,251 円
山 林 所 得 11,347,000 円	1．総収入金額　28,000,000 円
	2．必要経費
	(1) 原則
	7,000,000 円＋7,583,000 円＋1,570,000 円＝16,153,000 円
	(2) 概算経費
	(28,000,000 円－1,570,000 円)×50%＋1,570,000 円
	＝14,785,000 円
	(3) 判定　(1) $\underset{>}{<}$ (2)　∴16,153,000 円
	（該当するものを○で囲むこと）
	3．所得の金額　1.－2.－500,000 円＝11,347,000 円
譲 渡 所 得 分 離 短 期 12,200,000 円 総 合 短 期 0円 分 離 長 期 10,220,000 円 総 合 長 期 1,185,500 円	1．譲渡損益の計算
	(1) 分離短期（　　土地A　　）
	29,000,000 円－(16,000,000 円＋800,000 円)
	＝12,200,000 円
	(2) 総合短期（　事業用備品A　）
	100,000 円－(602,375 円－187,875 円)＝△314,500 円
	(3) 分離長期（　　土地B　　）
	20,000,000 円－(9,000,000 円＋780,000 円)＝10,220,000 円
	(4) 総合長期（　　美術品　　）
	3,500,000 円－(1,200,000 円＋300,000 円)＝2,000,000 円
	2．内部通算（総合短期・総合長期相互間での通算）
	2,000,000 円－314,500 円＝1,685,500 円
	3．所得の金額
	(1) 分離短期　12,200,000 円
	(2) 分離長期　10,220,000 円
	(3) 総合長期　1,685,500 円－500,000 円＝1,185,500 円

一 時 所 得 500,000 円	1. 総収入金額　2,000,000 円
	2. 支出した金額　1,000,000 円
	3. 所得の金額　　1．－2．－500,000 円＝500,000 円
雑　　所　　得 85,000 円	1. 総収入金額　45,000 円＋40,000 円＝85,000 円
	2. 必要経費　　　　0 円
	3. 所得の金額　1．－2．＝85,000 円

Ⅱ．課税標準額の計算

総 所 得 金 額 12,797,268 円	$90{,}000 円 + 2{,}415{,}267 円 + 9{,}364{,}251 円 + 85{,}000 円$ $+ (1{,}185{,}500 円 + 500{,}000 円) \times \dfrac{1}{2} = 12{,}797{,}268 円$
短 期 譲 渡 所 得 の 金 額 12,200,000 円	
長 期 譲 渡 所 得 の 金 額 10,220,000 円	
山 林 所 得 金 額 11,347,000 円	
合　　　　　計 46,564,268 円	

Ⅲ．所得控除額の計算

雑 損 控 除 1,243,574 円	1. 損失の額
	（16,000,000 円－5,000,000 円－6,000,000 円）
	＋（1,700,000 円－0 円－1,100,000 円）＋300,000 円
	＝5,900,000 円
	2. 控除額
	(1)　5,900,000 円－（46,564,268 円×10％＝4,656,426 円）
	＝1,243,574 円
	(2)　300,000 円－50,000 円＝250,000 円
	(3) 判定　(1)　$\overset{\otimes}{<}$　(2)　∴1,243,574 円
	（該当するものを○で囲むこと）

医 療 費 控 除 462,550 円	$562,550 円 - \begin{cases} 46,564,268 円 \times 5\% = 2,328,213 円 \ ① \\ 100,000 円 \ ② \end{cases}$ ①,②のうちいずれか<u>少ない</u>方の金額 ＝462,550 円
社 会 保 険 料 控 除 920,500 円	
生命保険料控除 111,000 円	1．旧契約一般分　　　　$100,000 円 \times \dfrac{1}{4} + 25,000 円 = 50,000 円$ 2．新契約介護医療分　$22,000 円 \times \dfrac{1}{2} + 10,000 円 = 21,000 円$ 3．新契約個人年金分　83,000 円＞80,000 円　∴40,000 円 4．合計　　　　　　　1．＋2．＋3．＝111,000 円
地震保険料控除 45,230 円	
障 害 者 控 除 750,000 円	
扶 養 控 除 1,010,000 円	630,000 円＋380,000 円＝1,010,000 円
基 礎 控 除 0 円	46,564,268 円　＞　25,000,000 円　※　0 円
合 計 4,542,854 円	

Ⅳ．課税所得金額の計算

(1) 課税総所得金額 8,254,000 円	12,797,268 円－4,542,854 円＝8,254,000 円（1,000 円未満切捨）
(2) 課 税 短 期 譲 渡 所 得 金 額 12,200,000 円	（1,000 円未満切捨）
(3) 課 税 長 期 譲 渡 所 得 金 額 10,220,000 円	（1,000 円未満切捨）
(4) 課 税 山 林 所 得 金 額 11,347,000 円	（1,000 円未満切捨）

Ⅴ．納付税額の計算

Ⅳ．の（１）に 対 す る 税 額 1,262,420 円	8,254,000 円×23％−636,000 円＝1,262,420 円
Ⅳ．の（２）に 対 す る 税 額 3,660,000 円	12,200,000 円×30％＝3,660,000 円
Ⅳ．の（３）に 対 す る 税 額 1,533,000 円	10,220,000 円×15％＝1,533,000 円
Ⅳ．の（４）に 対 す る 税 額 647,200 円	｛（11,347,000 円÷5＝2,269,400 円）×10％−97,500 円 ＝129,440 円｝×5＝647,200 円
算 出 税 額 計 7,102,620 円	
配 当 控 除 4,500 円	｛（8,254,000 円＋12,200,000 円＋10,220,000 円） −10,000,000 円＝20,674,000 円｝ ＞ 90,000 円 ∴90,000 円×5％＝4,500 円
差 引 所 得 税 額 （基準所得税額） 7,098,120 円	7,102,620 円−4,500 円＝7,098,120 円
復興特別所得税額 149,060 円	7,098,120 円×2.1％＝149,060 円
合 計 税 額 7,247,180 円	7,098,120 円＋149,060 円＝7,247,180 円
源 泉 徴 収 税 額 20,420 円	
申 告 納 税 額 7,226,700 円	7,247,180 円−20,420 円＝7,226,760 円→7,226,700 円 （100 円未満切捨）
予 定 納 税 額 159,600 円	
納 付 税 額 7,067,100 円	7,226,700 円−159,600 円＝7,067,100 円

[編者紹介]

経理教育研究会
商業科目専門の執筆・編集ユニット。
英光社発行のテキスト・問題集の多くを手がけている。
メンバーは固定ではなく、開発内容に応じて専門性の
高いメンバーが参加する。

執筆協力　**榊原 大志**（さかきばら たいし）
税理士・社会保険労務士
1987年生
榊原税務労務会計事務所

ちょっと臆病なチキンハートの犬

チキン犬

・とても傷つきやすく、何事にも慎重。
・慎重すぎて逆にドジを踏んでしまう。
・頼まれごとにも弱い。
・のんびりすることと音楽が好き。
・運動は苦手（犬なのに…）。
・好物は緑茶と大豆食品。

■英光社イメージキャラクター
　『チキン犬』特設ページ
　https://eikosha.net/chicken-ken
チキン犬LINEスタンプ販売中！

所得税法1級 令和6年度版
2024年5月15日　発行

編　者　経理教育研究会
発行所　株式会社 英光社
　　　　〒176-0012　東京都練馬区豊玉北1-9-1
　　　　TEL 050-3816-9443
　　　　振替口座 00180-6-149242
　　　　https://eikosha.net

©2024 EIKOSHA
ISBN 978-4-88327-837-4 1923034031002

本書の内容に誤りが見つかった場合は、
ホームページにて正誤表を公開いたします。
https://eikosha.net/seigo

本書の内容に不審な点がある場合は、下記よりお問合せください。
https://eikosha.net/contact
FAX 03-5946-6945
※お電話でのお問合せはご遠慮ください。

落丁・乱丁本はお取り替えいたします。
上記contactよりお問合せください。